AF274266

Soberanía digital educativa

Del control de las *Big Tech*
a la construcción del bien común

Enrique-Javier Díez-Gutiérrez
Mauro-Rafael Jarquín-Ramírez

Soberanía digital educativa

Del control de las *Big Tech*
a la construcción del bien común

Octaedro

COLECCIÓN: Octaedro Educación

TÍTULO: *Soberanía digital educativa. Del control de las* BigTech *a la construcción del bien común*
ASESOR EDITORIAL: Jaume Carbonell Sebarroja

Primera edición: abril de 2026

© Enrique Javier Díez Gutiérrez y Mauro-Rafael Jarquín-Ramírez

© De esta edición:
Ediciones OCTAEDRO, SL
C/ Bailén, 5 – 08010 Barcelona
Tel.: 93 246 40 02
www.octaedro.com
octaedro@octaedro.com

Cualquier forma de reproducción, distribución, comunicación pública
o transformación de esta obra solo puede ser realizada con la autorización
de sus titulares, salvo excepción prevista por la ley. Diríjase a CEDRO (Centro
Español de Derechos Reprográficos, www.cedro.org) si necesita fotocopiar
o escanear algún fragmento de esta obra.

ISBN: 978-84-1079-335-4
Depósito legal: B 8734-2026

Corrección y maquetación: Palabra de Apache
Diseño de la cubierta: Tomàs Capdevila
Diseño de la colección: Joan Reig - Octaedro Editorial
Producción: Octaedro Editorial

Impresión: Ulzama

Impreso en España - *Printed in Spain*

Índice

Introducción
El gran reto de la soberanía digital educativa

El presente trabajo es una reflexión que surgió de un interés común respecto a las implicaciones del desarrollo de la industria tecnológica en la educación, específicamente en torno al destino y rumbo actuales de la toma de decisiones sobre las políticas educativas que se están implementando en las aulas y en los centros educativos a partir de la adopción de tecnología digital en educación, producida y controlada por las *Big Tech*. Esta adopción se está produciendo sin apenas conocer ni analizar con tiempo y profundidad las consecuencias de lo que esas decisiones implican y pueden implicar en el futuro. Es decir, este libro analiza el avance actual del capitalismo *EdTech*[1] en la definición de las nuevas políticas educativas globales.

Es un análisis que se presenta como una provocación pero que, al mismo tiempo, busca incentivar una reflexión más profunda y sistemática desde las comunidades educativas respecto a las implicaciones que el uso de tecnología digital privada puede ejercer sobre el control de la educación y de su futuro. Este libro pretende ahondar en las lógicas neoliberales que se están introduciendo en los sistemas educativos a través del relato de un futuro de

---

1. *EdTech (Educational Technology)* se refiere a la integración de la tecnología en la educación. No se limita a *hardware* y *software*, sino que también incluye contenidos digitales, plataformas y entornos de aprendizaje, aplicaciones de gestión escolar, herramientas de comunicación, realidad virtual y aumentada, entre otros.

educación digital insoslayable, impulsado de nuevo por las grandes corporaciones tecnológicas a raíz del confinamiento y la educación a distancia impuestos por la pandemia de la COVID-19 en buena parte del mundo.

Este libro no pretende ser un estudio pormenorizado de todo el espectro que abarca la denominada digitalización educativa, ni de su aplicación propiamente pedagógica o didáctica en el mundo escolar y universitario, sino una suerte de introducción al problema de la soberanía digital en la educación, a medio camino entre el trabajo académico y la militancia social, política, sindical y activista.

Estamos convencidos de que serán las comunidades educativas, y no el mundo corporativo, las que tracen caminos democráticos y orientados hacia la justicia social, la inclusión y el bien común, que permitan aprovechar los desarrollos del intelecto humano —como el de la tecnología digital— en la búsqueda y construcción de una educación comprometida con la transformación y la emancipación social. Por eso se presta especial atención a la nueva gobernanza digital que se está edificando de la mano de las *Big Tech*[2] en la educación, donde la hibridación público-privada se convierte más bien en subordinación y dependencia pública de lo privado: plataformas digitales que desarrollan una lógica extractivista, capitalista y colonial (Couldry y Mejias, 2019) que genera, entre otros efectos, un modelo de dependencia y sumisión de los propios Estados y Gobiernos elegidos por la ciudadanía. Se analiza igualmente si esta gobernanza híbrida conduce realmente a un progresivo fenómeno de *uberización educativa* y a la pérdida de un bien común esencial para la especie, como es la interacción y la comunicación digital.

---

2. *Big Tech* se refiere a las grandes empresas tecnológicas que han conseguido una posición dominante y monopolizan el mercado mundial de la tecnología.

Según la economista Elinor Ostrom (1990), los bienes comunes son recursos gestionados de manera colectiva por una comunidad que establece sus propias normas y mecanismos de gobierno para su preservación y uso equitativo. El conocimiento, la cultura y, por extensión, el ecosistema digital educativo son procomunes (del inglés *commons*), bienes que se construyen y enriquecen mediante el uso y la colaboración comunitaria y que resultan imprescindibles para las relaciones humanas y el desarrollo colectivo. Hoy día ya no solo nos comunicamos, nos relacionamos y colaboramos de forma presencial, sino también a través de medios digitales y redes de internet. En definitiva, si internet y la comunicación digital se han convertido en necesidades esenciales para la especie humana, como claramente lo son, deberían tratarse como bienes comunes de utilidad pública sin fines de lucro, tal como propone Naomi Klein (2020).

La lógica de los *commons* se opone a la del mercado, donde el conocimiento se convierte en una mercancía, y la tecnología y los datos, en un activo económico. Un bien común —por ejemplo, una biblioteca pública, el aire limpio, los océanos, un parque nacional— implica que su acceso está garantizado para todos los miembros de una comunidad; que su uso por parte de una persona no impide necesariamente que otras lo utilicen (aunque puede haber cogestión), y que su preservación y desarrollo dependen de reglas y esfuerzos compartidos para evitar su degradación (la «tragedia de los comunes»).

Los Estados, en su papel de garantes de derechos y como representantes de sus comunidades, tienen la obligación de proveer y regular el acceso a esos bienes comunes públicos y su mantenimiento, garantizando tanto su universalidad como la calidad y mejora del servicio, y evitando que intereses privados capturen y distorsionen sus fines.

La convergencia de ambas nociones resulta crucial también en el ámbito tecnológico. La soberanía digital educativa, en este sentido, como bien común y público, implica que su diseño, propiedad, desarrollo y gestión deben ser democráticos y participativos (lógica del común), al tiempo que su acceso, uso y beneficios deben ser universales, garantizados por el poder público (lógica de lo público).

En este contexto, consideramos tan necesario como apremiante impulsar la discusión y el proyecto político de construcción de una soberanía digital educativa.

Entendemos, por tanto, por soberanía digital educativa la capacidad colectiva de los responsables de las políticas públicas en educación, las instituciones y administraciones públicas del ámbito educativo y las propias comunidades educativas para apropiarse, gobernar, definir y regular los recursos, las infraestructuras, los programas, las prácticas y los datos digitales en los entornos de enseñanza y los espacios de comunicación de dichas instituciones, de modo que se prioricen los fines pedagógicos, los derechos colectivos e individuales (privacidad, equidad, accesibilidad), el bien común y el interés público frente a lógicas comerciales o de negocio extractivo externas.

No se trata simplemente de disponer de conexión a internet o acceso a dispositivos y plataformas digitales, ni de la mera digitalización de contenidos curriculares o el uso ético y responsable de la inteligencia artificial para la educación (IAED), sino de la capacidad de la comunidad social y educativa —cuya regulación se establece a menudo a escala supranacional, estatal y regional— para decidir de manera autónoma, participativa y democrática qué canales digitales y redes, plataformas, programas y, en definitiva, qué tecnologías utiliza, con qué fines, bajo qué reglas políticas, sociales y éticas, y quién se beneficia de los datos y procesos que dicha actividad genera.

A nuestro parecer, la soberanía digital educativa se ha convertido hoy en una condición necesaria para preservar la educación como un espacio de formación ciudadana, pensamiento crítico y justicia social, frente a las lógicas de mercantilización y control propietario.

Si la soberanía digital implica la capacidad de los individuos y de la sociedad en su conjunto para ejercer un control efectivo sobre sus datos y su entorno tecnológico, como han analizado numerosos expertos en este campo (Fratini *et al.*, 2024; Lemos *et al.*, 2024; Levi, 2025), cuando este principio se traslada a la educación, hablamos de soberanía digital educativa.

La soberanía digital educativa, por tanto, abarca el control democrático sobre los fines, los medios y la infraestructura tecnopedagógica. Es decir, plantea la necesidad de que los sistemas educativos públicos recuperen el control, la autonomía y la responsabilidad colectiva sobre los procesos, infraestructuras y datos digitales que median la enseñanza y el aprendizaje. Este concepto sitúa la tutela pública y democrática de lo digital como condición para que la educación funcione como bien común, pues ella misma debe ser entendida también como tal.

La soberanía digital educativa no consiste solo en controlar a estos nuevos actores tecnológicos, que han logrado extender su esfera de influencia al ámbito educativo, o en declararse en rebeldía frente a un futuro de la educación pública en manos de tecnologías e infraestructuras digitales privadas, fuera del control democrático. Se trata, más bien, de impulsar una soberanía que responda a los retos de nuestro tiempo de forma colectiva, situada y compartida. Una soberanía que nos permita aprender juntos y ayudar tanto a los niños y las niñas como a las comunidades educativas a descubrir que el bien común es mucho más que la suma de los intereses individuales, y que trasciende con creces la mera yuxtaposición «productiva» de alumnado y al profesorado delante de ordenadores, programas y plataformas.

Más allá de la formación tradicional técnica y tecnológica, centrada en competencias digitales que se resumen en aprender a utilizar la tecnología, la IA, las redes digitales, los lenguajes de programación o los distintos tipos de *software*, el profesorado y las comunidades necesitan contar con espacios de discusión y debate, en su proceso de formación inicial y permanente, en sus centros y en su entorno, para entender las razones y los fines de la tecnología, la digitalización y la IA. Necesitan comprender por qué esos saberes son ejes fundacionales en la constitución actual también de la concepción subjetiva, social, material, económica y cultural de la sociedad contemporánea, y a qué intereses, ideologías y políticas responde su diseño, desarrollo e implementación, para ser capaces de articular una crítica al imperialismo cultural y al neoliberalismo ideológico que sostiene el capitalismo digital, presente en la propia tecnología *Big Tech* privativa.

Para ello se necesita una «pedagogía digital crítica radical» comprometida con un enfoque claramente anticapitalista, decolonial, democrático, feminista, ecosocial, antirracista, insumiso y desobediente frente al imperialismo cultural y la actual colonización tecnodigital que se nos impone de forma silenciosa y omniabarcante, sin que se someta siquiera a discusión.

Una pedagogía digital crítica radical que también ofrezca posibilidades reales en la construcción de alternativas democráticas y modelos emergentes de resistencia social en el desarrollo y la aplicación de los derechos de acceso libre y abierto a la información y al conocimiento, a la ciencia, a la cultura, al *software* y *hardware* libres, a las tecnologías, la IA, la conectividad y la accesibilidad, y a los distintos recursos educativos orientados al desarrollo de los bienes comunes (el procomún).

En este sentido, resulta fundamental plantear estrategias para empezar por «socializar la nube»[3] y desarrollar infraestructuras digitales educativas públicas, una red digital global pública, es decir, apropiarse y poner en manos del común los nuevos medios de producción digital, como diría hoy Marx (2024), para avanzar hacia la «socialización de los datos» como bien público esencial y hacia la democracia digital.

Y es que la tecnología digital y la propia IA, que actualmente se construyen a partir de la información y los datos de la humanidad, deberían ser de propiedad pública. Pensar la democracia en la era de la IA va más allá de acceder a la IA o crear contenidos a su servicio. Exige la extensión del dominio público y la defensa de la información y el conocimiento como bienes comunes frente a la imposición del derecho de propiedad intelectual privada. Requiere asimismo la regulación pública, democrática y en función del bien común de esos contenidos y de los medios de producción digital, así como del diseño, la distribución

---

3. El eufemismo *nube* esconde una realidad material de proporciones colosales: los centros de datos, edificios herméticos que almacenan la información digital, son equiparables a ciudades pequeñas. Produjeron 106 millones de toneladas métricas de CO_2 en Estados Unidos durante 2023, por ejemplo, casi tanto como la aviación comercial doméstica. Recurrir a esa metáfora etérea para evocar la ilusión de una nube infinita y sin consecuencias materiales es una forma de disfrazar y ocultar que estos centros ocupan vastas extensiones de territorio, condicionan el desarrollo urbano de regiones enteras y consumen enormes cantidades de electricidad (el 2 % de la producción mundial) y de agua (solo en 2021, los centros de datos de IA propiedad de Google en Estados Unidos usaron 12 700 millones de litros de agua para la refrigeración de sus instalaciones, y un 90 % de esa agua era potable).

y el consumo de los nuevos canales tecnológicos que se creen (Fuchs, 2020).

Como ya dijimos con Klein (2020), si internet y la IA son esenciales en la vida cotidiana de los seres humanos, como claramente lo son, deberían tratarse como bienes comunes de utilidad pública sin fines de lucro. Una convicción no solo sensata, sino imprescindible y radicalmente necesaria, que debería asentarse antes de que la lógica del capitalismo inunde y absorba todo el ecosistema digital de forma definitiva e irremediable. Es decir, debemos avanzar hacia el socialismo digital que proponen Mason (2016) o Morozov (2018). Y la educación desempeña un papel crucial en ello.

Porque el colonialismo tecnodigital en la educación no es solo un problema de acceso, sino de poder: quién decide qué canales y qué herramientas se emplean, con qué ideología se diseñan, cuáles se priorizan y qué futuro se construye con ellas. Una educación emancipadora debe incluir una reflexión crítica sobre toda la tecnología y la infraestructura digital y de IA que introducimos en los sistemas educativos, y apostar por caminos y alternativas que prioricen la justicia cognitiva y digital.

La soberanía digital educativa exige, por lo tanto, apostar por infraestructuras públicas —tecnologías, *hardware*, *software*, redes, servidores locales o nubes— de titularidad y gestión pública, cuyo control y auditoría no dependan exclusivamente de grandes corporaciones. Mientras se avanza hacia esa meta, es posible optar de forma inmediata por el *software* libre y las soluciones interoperables, que reducen la dependencia de proveedores privativos, permiten auditorías de código y facilitan la adaptación curricular.

Pero se necesita ir más allá, mucho más allá. Necesitamos políticas públicas a escala europea, latinoamericana y mundial que inviertan en infraestructuras de titularidad y gestión pública y en ecosistemas de *software* abierto. Políticas que además avancen hacia la nacionalización o internacionalización pública de todos los sectores estratégicos de la digitalización de la sociedad, y, especialmente, en nuestro caso, del ámbito educativo (sectores que, todos lo sabemos, nunca habrían sobrevivido sin el apoyo público). Para ello es imprescindible una voluntad política soberana, libre de la presión del *lobby* tecnológico, que dé paso decididos para lograrlo e implemente políticas educativas efectivas para ello.

Primera parte

1. Poder corporativo y soberanía educativa en el capitalismo digital

El poder del capital en tiempos digitales

Mucho se ha discutido respecto a las formas mediante las cuales se ejerce el poder en una sociedad contemporánea profundamente condicionada por la tecnología digital, los algoritmos y las compañías tecnológicas multinacionales, cuyos magnates poseen una creciente capacidad para intervenir en la vida política de los países y del propio planeta.

La respuesta a la pregunta que subyace en este apartado requiere un desarrollo suficiente, aunque, sin embargo, breve, y puede ser esbozada de la siguiente manera: en el capitalismo digital, que sigue siendo esencialmente capitalismo pese al conjunto de adornos, retoques, matices y formulaciones que se plantean en torno a él —como, por ejemplo, la denominación de *tecnofascismo digital* que se le puede atribuir—, persiste una condición de inmanencia en el ejercicio del poder que, curiosamente, se vincula con la formulación clásica del capitalismo. De este modo, el poder está definido, en última instancia, por la disposición, posesión y control de los medios de producción, en este caso no solo materiales, sino también digitales y algorítmicos; así como por la construcción de alianzas políticas de clase y por la creación de condiciones de hegemonía favorables a uno u otro proyecto político.

La propiedad y el conjunto de «derechos» que esto implica constituyen un punto de partida a partir del cual se generan en sociedad relaciones asimétricas en términos políticos, culturales y sociales: unos individuos tienen capacidad de decidir sobre su propia vida y sobre las condiciones de vida de los demás, mientras que otros dependen en gran medida —en lo inmediato— del primer grupo. Quienes detentan los medios de producción tienen la capacidad de influir sobre las decisiones de quienes trabajan, e incluso suelen gozar de una estrecha relación con el poder político constituido, gracias a su influencia en los intereses políticos y a sus alianzas con los Gobiernos del sistema capitalista.

Dado que las interacciones sociales se desarrollan cada vez más en espacios virtuales de propiedad privada, bajo el control de empresas tecnológicas que los diseñan, producen, distribuyen y, en última instancia, gestionan, los propietarios de dichas empresas expanden sus esferas de influencia en diversos ámbitos de la vida social, cultural, educativa y cotidiana. Mediante el poder de los programas y las plataformas, la dependencia tecnológica o la incorporación de nuevas tecnologías en el proceso productivo y reproductivo, los capitalistas de la era digital amplían su poder y su esfera de influencia y control.

De tal forma que un reducido grupo de actores, principalmente grandes corporaciones tecnológicas, ejerce tanto poder que ello le confiere una capacidad «estructurante» en la sociedad actual. Así se constata que las empresas *Big Tech* han logrado un control tan amplio de la infraestructura digital que prácticamente tienen en sus manos el destino de múltiples empresas, de distinto tamaño, que en su funcionamiento dependen del *cloud computing*; que cada vez más empresas y *startups* tecnológicas son financiadas por las grandes corporaciones (GAFAM: Google, Apple,

Facebook, Amazon, Microsoft), y que la barrera de entrada a la tecnología digital resulta prácticamente infranqueable para empresas que pretenden competir con dicho conjunto de grandes corporaciones tecnológicas. Además, resulta evidente que en la economía digital se desarrollan procesos de centralización y concentración de capital, lo cual permite la consolidación de lógicas monopolísticas que benefician a una minoría de corporaciones que, además de acumular capital, desarrollan una gran capacidad de interacción política y negociación frente a distintos actores sociales y políticos.[4]

De hecho, las corporaciones tecnológicas, en estos tiempos de capitalismo digital, han dejado de ser propiamente empresas dedicadas a proveer servicios de comunicación para convertirse paulatinamente en actores políticos, económicos e incluso pedagógicos, con gran capacidad para intervenir en la vida en común, definir —desde el control que ejercen sobre la infraestructura digital— incluso las reglas de negociación con los Gobiernos y marcar su agenda política para afianzar su influencia cultural y social. Es decir, han conformado una red de poder global mediante la cual se libra una disputa real por la soberanía frente a los

---

4. En abril de 2025, Palantir, la empresa de Peter Thiel que recibe contratos milmillonarios de la Administración Trump, fue noticia tras la publicación de documentos que detallaban su colaboración con el neofascista Servicio de Inmigración y Control de Aduanas (ICE) de Estados Unidos, que ha asesinado en el propio territorio norteamericano. Google, Amazon o Microsoft han colaborado activamente en el genocidio palestino a través de los *softwares* Hasbora, Lavender y Where's Daddy? En la actualidad, Palantir y Dataminr, una startup con estrechos vínculos con X, controlan el nuevo complejo militar estadounidense en Israel, con tres objetivos: *a)* probar la vigilancia en tiempo real a usuarios de internet para identificar, rastrear y eliminar «objetivos»; *b)* implementar el plan colonial de Trump en Gaza, y *c)* perfeccionar nuevas tecnologías de exterminio en condiciones reales con sistemas de vigilancia y armamento basados en IA como eje de la arquitectura de seguridad de la ocupación. La vigilancia masiva, la extracción de datos sin restricciones y la experimentación letal con IA que suministran estas empresas garantizan la continuidad del *apartheid* y del genocidio en Palestina y la Doctrina Nacional de Seguridad de Trump.

Estados[5] (Floridi, 2020; Leclercq y Bertin, 2024; Mirrlees, 2021). Estamos ante el avance de un régimen digital monopolístico donde la distinción entre lo público y lo privado se ha vuelto deliberadamente difusa y donde unos pocos controlan los medios y los recursos públicos para incrementar su poder y su vigilancia sobre los demás.

Esto sucede también en el sector educativo. Las *Big Tech* llevan décadas intentando que la educación pública sea sustraída al control de los Estados, de lo público, para introducirse en ella y convertirla en otro nicho de negocio, pero también de control. En la crisis económica mundial del 2008 aprovecharon la oportunidad que les ofrecieron las políticas de austeridad y los recortes de financiación de la educación pública en todos los países a fin de promover los cursos masivos online como «solución» a los problemas derivados de esos recortes. Posteriormente, en la crisis mundial de la pandemia del 2020, se sirvieron de las medidas de confinamiento y la necesidad de una educación a distancia para penetrar en la agenda de las políticas educativas de cada país y continuar con su expansión mundial, difundiendo «el credo de un futuro conectado a los servidores de cinco empresas estadounidenses» (Cancela, 2020, p. 23).

En esta apuesta, han conseguido incluso difundir y normalizar su propia narrativa del «solucionismo tecnológico» (Jasanoff, 2015) en el campo educativo, donde lo central de la supuesta «modernización educativa» del siglo xxi pasa por la introducción en las escuelas y universidades

---

5. Los oligarcas tecnológicos pretenden crear sus propias ciudades-Estado, como Próspera, (denominadas eufemísticamente *zonas de empleo y desarrollo económico*, ZEDE), enclaves con su propio Gobierno y al margen de las leyes del país que las aloja, con su propia fuerza policial y sus propios tribunales, donde pretenden «restaurar la civilización occidental».

de su *hardware*, sus sistemas de *software*, sus programas y plataformas tecnológicas y la inteligencia artificial generativa, y no tanto por la formación y el apoyo al profesorado y las comunidades educativas. Congresos internacionales, revistas de alto impacto, influyentes *thinks tanks* o reconocidos proyectos de investigación reciben donaciones y fondos filantrópicos para crear un «relato», para construir una visión de futuro deseable en educación gracias a los avances de la tecnología, invocando este «solucionismo tecnológico» como panacea para la educación.

Esta ideología tiene por principio considerar y proclamar que la educación es la solución a los problemas sociales, políticos y tecnológicos (Williamson, 2017), y evita señalar las condiciones estructurales del capitalismo, la explotación, el imperialismo y las injustas relaciones internacionales o el neocolonialismo actual como factores determinantes.

A pesar de que la producción y la oferta de la IA resultan problemáticas en el ámbito político (debido a la reconfiguración que su aplicación implica en el ejercicio de poder), en el económico (dada la tendencia a la consolidación de monopolios globales, convertidos en «naciones digitales» con un poder global transnacional), en el plano ecológico (debido al gran impacto en el medio ambiente que representa su producción, entrenamiento y uso)[6]

---

6. El litio que alimenta las baterías de nuestros móviles, ordenadores y los sistemas de respaldo de los centros de datos procede del desierto de Atacama, en Chile, donde se evaporan millones de litros de agua diariamente. Esos centros de datos no están «en la nube», sino ocultos en instalaciones bajo tierra que consumen cantidades ingentes de agua y electricidad. Anclados a territorios concretos que soportan las consecuencias del extractivismo digital, reconfiguran regiones enteras sin necesidad de legislación explícita ni consentimiento democrático. La paradoja es alarmante: la digitalización que prometía desmaterializar el mundo requiere una extracción material sin precedentes, eso sí, promocionada con el eufemismo de *transición verde*.

y en el ético (dados los potenciales usos problemáticos, así como la injusticia epistémica y los sesgos coloniales, raciales y patriarcales de sus algoritmos), lo cierto es que las *Big Tech* han conquistado paso a paso las infraestructuras digitales de las escuelas —los servidores, la nube, las aplicaciones que solo funcionan en sus plataformas— e incluso el imaginario educativo del presente y del futuro. Su dominio abarca *software, hardware,* almacenamiento, producción y diseño, y se han vuelto tan poderosas que muchos centros y universidades externalizan la gestión de sus servicios en los servidores de estas corporaciones (desde el correo electrónico hasta la gestión económica, desde los servicios de evaluación hasta los de inspección, desde el almacenamiento de datos hasta la comunicación entre la propia comunidad educativa).

Esta acelerada digitalización de la educación ha puesto de manifiesto una paradoja fundamental: mientras se expande el acceso a herramientas y recursos digitales, se contrae el control que las administraciones e instituciones educativas públicas, los docentes, las comunidades educativas y los Estados ejercen sobre los ecosistemas digitales educativos que utilizan (Williamson, 2017).

El actual proceso de digitalización de la sociedad y la educación se vincula con la emergencia de una forma específica de colonialismo del siglo XXI: el *colonialismo de datos* (Couldry y Mejias, 2019), que articula y agudiza la tendencia extractiva histórica de su vertiente tradicional, pero con novedosos métodos computacionales de cuantificación. La educación se ha convertido así en un nuevo campo de disputa y neocolonización para las corporaciones tecnológicas cuyos modelos de negocio, basados en la extracción masiva de datos, la estandarización de soluciones y el incremento de las ganancias para sus accionistas entran en conflicto con los principios pedagógicos, éticos y de equidad que deben guiar los sistemas educativos públicos (Morozov, 2018; Zuboff, 2019).

La expansión de las *Big Tech* en los sistemas educativos del mundo ha tejido una red gigantesca de extracción de grandes cantidades de información datificable con miras a mercantilizar, generar conocimiento, predecir comportamientos, mejorar productos, expandir su participación en el mercado e incrementar su incidencia corporativa *in situ* (Jarquín, 2023; Díez-Gutiérrez y Jarquín-Ramírez, 2025). De hecho, una corporación privada como Google puede llegar a tener incluso más información del alumnado y las comunidades educativas que los propios ministerios de educación regionales o nacionales. Esto implica, a su vez, que los sistemas educativos públicos se vuelven paulatinamente más dependientes de la información y los datos que controlan las plataformas de dichas empresas, al renunciar a la creación de sistemas digitales públicos y delegarlos en el sector privado.

Por otro lado, la inclusión de estas infraestructuras digitales en los sistemas educativos genera dependencia de determinadas plataformas pertenecientes a las *Big Tech* a largo plazo, dado que su uso desde temprana edad «acostumbra» al alumnado —futuro usuario dependiente de ellas— a utilizar sus códigos, rutinas y formas de interacción y comunicación, lo que hace que cambiar suponga un esfuerzo de «readaptación» lo bastante costoso como para que se produzca solo en contadas ocasiones. De esta forma, las actividades en unas plataformas y no en otras, dentro de los espacios escolares, determinan en buena medida el futuro digital y el acaparamiento de usuarios y futuros clientes de determinadas herramientas de las empresas que ofrecen servicios educativos.

La estrategia de *marketing* y venta del producto es la gratuidad inicial: promociones inicialmente gratuitas que generan posteriormente demanda asociada y «clientes cautivos». Una vez que se aprende a utilizar una plataforma digital, con sus especificaciones y características particulares, se tiende a migrar menos y a permanecer en aquello que ya se conoce y domina. Es el sistema habitual de venta y promoción tradicional en las tecnológicas: ofrecer gratuitamente una versión reducida del programa y, a continuación, versiones «pro» con todas las funcionalidades que se van haciendo necesarias para acceder a lo que realmente ofrece el programa, la aplicación o la plataforma. Una vez que se genera dependencia de un servicio, una vez que se entrena al usuario como consumidor del producto, se introduce la obligación de pago.

Porque, pese a que la mayoría de dichos servicios digitales se presentan como gratuitos al principio, implican realmente la incorporación progresiva de las comunidades escolares y los sistemas educativos al mercado sin precios del capitalismo digital, en una dependencia cada vez mayor que se acaba pagando en los servicios «pro», ofrecidos una vez que se ha alcanzado el nivel crítico de uso del programa en cuestión.

La *paquetería educativa* «gratuita» de Google, por ejemplo, mantiene en esa dependencia a millones de usuarios que son entrenados como consumidores de dicha empresa, lo que genera un sistema educativo dependiente de los proveedores privados de tecnología digital. Estos incluso incentivan a los centros asignándoles reconocimientos cuando implantan sus programas y servicios, como las Escuelas Distinguidas de Apple o las Microsoft Showcase Schools, y los obligan a integrar su *software* en sus planes de estudio, sus contenidos, sus materiales y en su organización y gestión educativa. Adobe, por su parte, tiene un programa de puntos para que el profesorado[7] y las direcciones se conviertan en Adobe Campus Leaders y Adobe Education Leaders, programa este último que establece redes de intercambio más allá de la propia escuela. Prácticas de lealtad a la marca, presentadas como una revolución educativa.

Estas empresas parecen, de esta forma, haberse convertido en una parte esencial de los nuevos modelos de educación «híbrida» que están siendo promovidos por el sector tecnológico privado y cuyo «relato salvífico» coincide en puntos estratégicos con el de importantes instituciones y organismos internacionales como la OCDE, la UNESCO o el Banco Mundial. La *EdTech* avanza así posiciones y penetra, con su estrategia de infiltración lenta, progresiva y constante, en el corazón del sistema educativo.

Han conseguido que prácticamente la totalidad de los estudiantes y el profesorado de buena parte del mundo se hayan registrado en alguna de las plataformas de la *EdTech*, dando su consentimiento para que «todos los datos y productos suministrados puedan ser usados, publicados, duplicados, transmitidos, mostrados para cualquier propósito razonable relacionado con el programa; no teniendo ningún derecho de aprobación, de reclamación de compensación adicional, ni de medidas cautelares...». Es decir, todo lo que aparece escrito en letra pequeña cuando «aceptamos» y nos registramos como usuarios de una aplicación y que pocas veces somos capaces de leer.

---

7. La formación permanente que se imparte al profesorado sobre tecnología digital muchas veces proviene de «profesorado reconocido por Apple, Google o Microsoft». Ellos mismos animan al profesorado que recibe la formación a conseguir acreditaciones, insignias y reconocimientos de estas tecnológicas y, a su vez, a difundir los beneficios de sus programas, como si fueran negocios de venta piramidal puerta a puerta. Por supuesto, ese profesorado acreditado por las *Big Tech* no percibe nada por su trabajo de difusión, solo «reconocimiento» de la empresa y la posibilidad de aparecer en sus registros de honor. Son «asesores de confianza, defensores apasionados, embajadores globales» de la marca.

La razón cínica de la pedagogía del capital

La educación, en tanto que una de las instituciones orientadas a la reproducción social, constituye un espacio de expresión y disputa por el poder en el capitalismo digital. A lo largo de la historia, la innovación científica y tecnológica y las revoluciones industriales han tratado de influir en los cambios de los modelos de enseñanza y aprendizaje (Bonilla, 2021). Esto resulta claro también respecto al escenario actual. El avance de la «economía digital» ha influido poderosamente en las discusiones, las prácticas y las políticas educativas en tiempos recientes, con una tendencia que parece profundizarse con el transcurso del tiempo, en una suerte de razón cínica de la pedagogía del capital, una lógica internalizada que pretende hacernos cómplices de nuestro propio sometimiento.

En gran medida, esto responde a la existencia de un ambiente de «premura tecnológica», es decir, de una presión sobre los centros educativos, los estudiantes, el profesorado y, en general, los sistemas educativos ante la necesidad imperiosa de adaptarse y utilizar correctamente la gran variedad de plataformas tecnológicas y productos educativos digitales ofertados por un mercado en continua expansión.

Esa premura se ha revelado conveniente para los intereses del capital y ha sido útil para encubrir las lógicas de poder que subyacen a la economía digital y a la denominada «digitalización educativa», porque, si vivimos de prisa y con presión constante, ¿cuándo tendremos tiempo de parar, reflexionar y repensar el porqué, el para qué y la finalidad de lo que estamos haciendo? Si estamos sometidos a una dinámica de adopción acelerada de la tecnología, ¿en qué momento discutiremos sobre las implicaciones individuales y colectivas, los aspectos favorables y los inconvenientes de la tecnología educativa? Si, en los centros educativos, el imperativo pedagógico es «modernizar los procesos educativos para no quedarnos atrás», ¿en qué momento nos reuniremos para decidir colectivamente lo que realmente queremos y necesitamos como comunidad educativa? ¿Acaso tendremos tiempo de diseñar alternativas a lo que nos ofrecen «amable» y «gratuitamente», ni siquiera de pedirlas o incluso de pensar que son posibles?

La prisa, entonces, se ha erigido en un dispositivo del poder, de esta razón cínica del capital, trasladada al campo educativo (aunque también se aplica en otros ámbitos). No quedarnos a la zaga, ser competitivos, innovar constantemente, adelantarnos a la competencia, estar a la última son los «mantras» con los que, sin crítica, se vende y se impone una lógica del capital, basada en la adaptación a políticas diseñadas externamente sin acuerdo democrático y en la implementación de una dinámica que sustituye la interacción relacional por algoritmos sin siquiera discutir si es eso lo que realmente queremos. Y esta presión, esta prisa, esta constante re-evolución son, de hecho, un punto de partida para discutir sobre los sujetos que la ejercen, los mecanismos que utilizan y sus fines. La inevitabilidad tecnológica ha sido poderosamente promovida por los principales actores y beneficiarios en esta trama de tecnología y control: las corporaciones *Big Tech*.

La vorágine de mercantilización educativa a través de la tecnología de «última generación» parece estar a la orden del día en el capitalismo global. Esta aceleración capitalista camina de la mano del mantra de la innovación educativa, que se traduce en la denominada «re-evolución tecnológica», sin analizar si con ello se acarrea mayor desigualdad, mayor explotación del trabajo humano y docente o si supone un expolio más sistemático de la naturaleza.

Tampoco se cuestiona si el desarrollo y la adopción de la IA, diseñada desde la mentalidad de Silicon Valley, forman parte integral de un proceso que parece apuntar hacia una mayor deshumanización y un refuerzo tecnológico de los sesgos del sistema capitalista (competitividad, capacitismo, racismo, individualismo, explotación económica, patriarcado, colonialismo, extractivismo, etc.).

La premura tecnológica es un elemento fundamental de la razón cínica de la pedagogía del capital; es decir, de un proyecto político de subsunción de la complejidad del proceso educativo bajo la lógica del capital, bajo la ley del valor inmediato (Jarquín, 2021). Es la sensación de urgencia impuesta, la idea de que debemos adoptar las últimas herramientas tecnológicas (IA, realidad virtual, *tablets*, plataformas LMS) de forma acrítica, inmediata e inevitable. Una lógica en la que lo nuevo se equipara automáticamente con lo mejor, sin importar si resuelve un problema educativo real. Se impone la última tecnología que aparece sin dar tiempo a los docentes para formarse ni al sistema para desarrollar metodologías adecuadas, pero, sobre todo, sin que nadie pueda plantearse el «para qué».

Esta premura crea una necesidad artificial de actualización constante, una «pedagogía del shock» que presenta la acumulación tecnológica como inevitable y genera la actitud cínica de quien, aun sabiendo que el sistema es injusto o absurdo, sigue participando en él. Sabemos que nos engañan, pero nuestro conocimiento no se traduce en acción. La ideología ya no opera ocultando la realidad, sino que triunfa cuando la revela y, aun así, nos mantiene obedientes. Esta pedagogía de la razón cínica va incluso más allá: ya no nos dice «la tecnología es buena y solucionará todos los problemas» (ese sería casi un discurso ideológico ingenuo). En su lugar, afirma, con una sonrisa fatigada: sabemos que esta plataforma es mediocre y que extrae los datos del alumnado, pero hay que usarla; todos entendemos que este «curso de innovación» es puro *marketing* vacío, pero hay que obtener el certificado de competencia digital; está claro que el «emprendedurismo» es una forma de precarizar el trabajo, pero es la única narrativa que vende; obviamente, esta IA no sirve para pensar, sino para producir textos eficientes, pero es la última novedad. Participamos en la adopción frenética de herramientas no porque creamos en su valor pedagógico, sino porque «es lo que toca», porque es la lógica del mercado ante una demanda creciente.

Lo que era «innovador» hace dos años ya está «desfasado», lo cual genera un flujo de ingresos perpetuo para las corporaciones y una dependencia creciente de los sistemas educativos. La tecnología capitalista se desarrolla, de hecho, mediante un conjunto de ensamblajes sociotécnicos cuyo funcionamiento responde *ad hoc* a los requerimientos de valorización y reproducción del capital. Esto puede verse, por ejemplo, en las lógicas extractivistas presentes en la infraestructura digital y en la vigilancia de masas que esta habilita: escuelas y universidades quedan atrapadas en ecosistemas cerrados (como Google Classroom o Microsoft Teams) que controlan los datos y la experiencia educativa —tiempo de conexión, intentos, respuestas, patrones de comportamiento—. Todo aquello que no puede medirse fácilmente en una plataforma (la creatividad, la empatía, el debate crítico) tiende a ser marginado. El aprendizaje se reduce a lo cuantificable y, por lo tanto, rentabilizable por el capital.

El ímpetu pedagógico presente en los principales actores del capitalismo digital consiste en un doble movimiento: *a)* la apuesta pasa por transformar digitalmente los espacios educativos analógicos y hacer de los centros escolares y universitarios enclaves de reproducción ideológica de los valores centrales del capitalismo actual (aceleracionismo, tecnooptimismo); *b)* una vez que la tecnología digital del capital ha sido «adoptada» por los centros educativos, se favorece la constitución de nuevos espacios de rentabilidad económica, ya sea mediante las lógicas extractivistas presentes en el uso de los artefactos digitales, ya sea de forma más abierta e inmediata a través de la compra de *hardware* y *software* educativo para actualizar la infraestructura o del pago por el acceso a determinados programas o plataformas orientados a mejorar la «productividad» de los centros escolares, del trabajo docente y de las actividades de aprendizaje de los estudiantes.

En ambos niveles de intervención se consolida un modelo ya presente en el esquema educativo capitalista tradicional que, no obstante, adquiere mayor vigencia en tiempos recientes: el entendimiento de la escuela como un espacio de producción de capital humano dotado de las habilidades necesarias para integrarse en la denominada «economía digital» como fuerza de trabajo productiva, con las habilidades necesarias para operar artefactos tecnológicos y responder así a las demandas del capitalismo digital del siglo XXI. Pero el concepto de capital humano no se reduce únicamente al cúmulo de habilidades instrumentales que permiten mantener un margen de productividad considerable, sino que abarca también las aptitudes, las disposiciones y los principios ideológicos (e incluso anímicos: resiliencia, empatía, adaptabilidad, etc.) con los que se pretende que las personas se enfrenten al mundo cotidiano, de forma cada vez menos crítica con las condiciones sociales de desigualdad y opresión, y con una mayor receptividad ante la tecnología en tanto un elemento que «cambia la vida y mejora la sociedad».

La razón cínica es el último y más eficaz estadio de la pedagogía del capital. Ya no necesita creyentes; le basta con crear cómplices. Impulsa una dinámica en la que, a pesar de saber, se actúa como si no se supiera. La lucha contra esto, por tanto, ya no es solo contra la ignorancia, sino una batalla mucho más difícil: contra la resignación, la impotencia y el cinismo que acaban por interiorizarse. Se encarna en el estudiante que hace un análisis marxista impecable de la plataforma educativa capitalista que se ve obligado a usar para aprobar. De ahí que, ante esta razón cínica de la actual pedagogía del capital, la conciencia de la jaula sea el primer paso para forjar la llave.

Vigilancia digital y control en los sistemas educativos

Es muy conocido el párrafo de Michel Foucault (2002) en el que afirma que, en el curso de los siglos, se desarrollaron ejercicios, maniobras, rangos, clasificaciones, etc., como formas de someter los cuerpos, dominar lo humano y sus fuerzas en espacios como hospitales, talleres, escuelas o colegios, con el fin de disciplinarlos. Esta aproximación ha resultado sumamente prolífica en el campo de los estudios educativos y la pedagogía. Un texto clásico al respecto es la compilación de Ball (1993) en la que se aborda, entre muchos otros temas, el problema de la gestión de la disciplina en los sujetos que transitan por el espacio escolar. Ahora bien, el avance de las sociedades ha habilitado el espacio para la generación de nuevas formas de disciplina en los centros educativos que, si se considera el desarrollo tecnológico y su extensión hacia los espacios de la reproducción social, permiten entender la escuela como espacio de control. En este terreno, la tecnología digital adquiere una gran relevancia.

37

La educación en una «sociedad de control», a propósito del famoso *post scriptum* de Deleuze (1999), se constituye como un tránsito que permite moldear las subjetividades sin necesidad de los «grandes centros de encierro» propios de un esquema disciplinario clásico. En este tránsito pedagógico, la tecnología digital resulta fundamental porque habilita ese *continuum* formativo sin que se requiera un espacio específico de encierro. La «descentralización» educativa fomentada por la tecnología digital mediante la construcción de una diversidad de espacios pedagógicos, más allá del ámbito escolar, favorece la creación de un proceso constante de subjetivación, armonizada con las lógicas operativas del capitalismo digital.

Asistimos actualmente a un nuevo *lifelong learning* (aprendizaje a lo largo de la vida), en el que un ensamblaje permanente de artefactos y programas digitales acompaña la formación y el desarrollo de nuestra conciencia no únicamente en términos de desarrollo académico, sino, de forma general, en tanto enclaves productivos de sentido común que, mediante la fuerza de la saturación, la repetición y el distanciamiento de la realidad, operan como mecanismos de producción del conocimiento sobre el mundo. La tecnología también es el vehículo de una pedagogía pública que contribuye a la construcción de una sociedad afín al capitalismo de nuestro tiempo.

No obstante, la tecnología digital también suele profundizar los mecanismos de vigilancia y disciplinamiento en los centros educativos formales: escuelas y universidades. Su propia lógica favorece una mayor centralización de la gestión educativa, lo cual resulta conveniente para preservar un orden establecido. La tecnología del capitalismo digital permite, además, reforzar distintas formas de poder una vez que las comunidades educativas han decidido desarrollar sus actividades, cada vez más, en el mundo digital.

Un ejemplo de ello es la agudización del control escolar mediante el uso de tecnología en tres niveles, como se representa en la figura 1:

- Vigilancia de los centros educativos. La tecnología digital favorece la adopción de nuevos patrones de organización escolar por medio de plataformas y sistemas de gestión adaptados a un modelo empresarial eficiente, supervisado, burocratizado y controlado.
- Control de las prácticas pedagógicas del profesorado. El uso de la tecnología digital abre camino hacia la consolidación de políticas de performatividad sobre el profesorado y de gobierno a distancia a través de mecanismos de rendición de cuentas, supervisión de la actividad docente y, en última instancia, un mayor control de los procesos educativos.
- Vigilancia y control de los estudiantes. Un aspecto central de la tecnología digital en educación, y de hecho crucial para su propio funcionamiento, es la vigilancia de las actividades del alumnado. Si bien se presenta como necesaria para generar un servicio educativo que permita mejorar el aprendizaje, la vigilancia constante constituye también un mecanismo de control de la vida estudiantil de los centros educativos.

A través de estos tres niveles de intervención, la presencia de la tecnología digital capitalista en los sistemas educativos permite una mayor injerencia de organizaciones e intereses económicos en el terreno de la educación, particularmente la pública, y, de esa forma, incrementa su influencia sobre quienes integran las comunidades educativas, sobre las escuelas en tanto que organizaciones constituidas y sobre el sistema educativo en su conjunto.

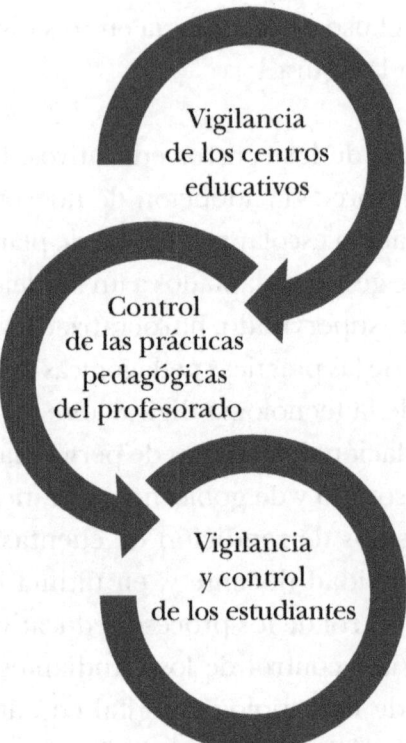

Figura 1. Niveles de control escolar mediante el uso de la tecnología.

Ideología y tecnología en la educación

Toda tecnología digital lleva implícita una ideología (Watters, 2021). Los artefactos llevan inscritos en su diseño configuraciones políticas que se manifiestan en el uso:

> Cuando un sistema de IA diseñado en California entra en contacto con el Sur Global, trae consigo las suposiciones de

los diseñadores sobre cómo se debe organizar la educación, cómo se debe hacer una política basada en la evidencia, cómo se debe practicar la enseñanza y cómo el aprendizaje debe ser conceptualizado. (Williamson, 2019, XV)

La introducción progresiva en las aulas de las plataformas tecnológicas de educación supone una adaptación gradual de las comunidades educativas a las configuraciones políticas, las estructuras ideológicas y los modelos culturales previamente diseñados por las grandes empresas tecnológicas.

Esa «política oculta» que subyace al diseño y control de la tecnología, y en especial de la IA, se está definiendo a partir de criterios derivados de los intereses y necesidades de quienes controlan esas *Big Tech*, generalmente hombres blancos de familias adineradas y entornos privilegiados que proyectan su forma de entender el mundo, no la de los usuarios. De hecho, la concepción misma de la inteligencia artificial generativa ha sido moldeada por la ideología y la política de Silicon Valley, y refleja en su ADN la retórica neoliberal libertaria que se desprende de la denominada doctrina de Silicon Valley (Caro Morente, 2023; Jiménez, 2020), como relata Anna Wainner en su libro de memorias *Valle inquietante*.

La doctrina de Silicon Valley demanda «libertad para las corporaciones, sometimiento para los consumidores». Su desafío radical frente a cualquier intento de regulación de su modelo capitalista de concentración política de poder se mezcla con una retórica individualista de reconocimiento de minorías étnicas, culturales y sexuales. Partiendo de una fe ciega en la disrupción tecnológica, la automatización y la personalización del aprendizaje como panaceas educativas, esta doctrina exige limitar la acción de los Estados y fomentar la presencia de actores privados en educación, sanidad y otros servicios públicos, regidos por las «reglas» del mercado. El progreso o el fracaso son responsabilidad personal de cada uno. El consumidor está en el centro de su fe, una versión monetizada del individuo, entusiasmado con la perspectiva de ascender socialmente en el ecosistema de la meritocracia tecnológica.

Como analizan Aitor Jiménez (2020), profesor de la Universidad de Auckland (Australia), y Jaime Caro Morente (2023), esta doctrina se basa en tres pilares:

- un modelo productivo centrado en la extracción de datos de los usuarios-trabajadores digitales;
- una gobernanza libertariana de la red que establece que la producción, la información y los flujos de comunicación deben estar regulados por agentes privados conforme a las «reglas» del mercado, y que cuestiona la legislación basada en derechos como un obstáculo para el desarrollo;
- un mercado laboral «liberalizado», es decir, caracterizado por relaciones laborales sin negociación colectiva, basado en criterios radicales de temporalidad, flexibilidad y finitud, que exige el desmantelamiento del Estado de bienestar social y el Estado de derecho.

En resumen, la doctrina de Silicon Valley propone un modelo coherente con su proyecto ideológico capitalista, neoliberal, neocolonial y libertariano. Su perspectiva educativa es proempresarial, es decir, considera al Estado como un emprendedor educativo cuyo rol debe limitarse cada vez más al de agente regulador de la intervención privada en el sistema educativo y financiador del sector privado en aras de una «mayor libertad de elección del consumidor».

Al mismo tiempo, cuestiona y limita progresivamente la responsabilidad del Estado en la garantía del derecho a la educación de toda la población, el diseño del currículo y los contenidos escolares, la certificación docente y las labores de inspección y control del sistema educativo.

Más que una novedad, la doctrina de Silicon Valley reinventa el proyecto neoliberal y lo adapta a la era digital. Por eso, la tecnología digital educativa que se está imponiendo por parte de las corporaciones digitales no deja de ser una síntesis histórica que condensa el conocimiento socialmente producido, una articulación sociotécnica que, en su actual forma dominante en Occidente y los países periféricos de su órbita, implica una construcción política asociada a los supuestos y principios de Silicon Valley: eficiencia, productividad, extractivismo y orden neoliberal. Esa doctrina es la que, en definitiva, subyace al diseño y la concepción de la tecnología educativa, condiciona su desarrollo y determina el uso que se hace de ella en las aulas, un uso que nunca es *neutral*.

Este proyecto de educación global impulsado por Silicon Valley —un cóctel compuesto por la filosofía de Netflix, Uber y Pokémon GO— busca extraer los datos académicos del alumnado, su historial, su comportamiento digital, así como su trayectoria y sus preferencias, para predecir y «personalizar» las materias educativas. Un modelo basado en poco más que el conductismo de estímulo-respuesta, iniciado ya en los años sesenta con la máquina de enseñanza de Skinner, que adiestraba a los estudiantes para emitir la respuesta correcta. El objetivo es reemplazar progresivamente al profesorado y a las comunidades educativas por sistemas tecnocráticos de inteligencia artificial que se encarguen de monitorizar, cuantificar y puntuar los resultados de unos estudiantes que, supuestamente, «aprenden la lección» con la ayuda de videojuegos en línea, desarrollados mediante sistemas de realidad aumentada y virtual.

Estas aplicaciones evalúan los perfiles de aprendizaje probables de los estudiantes mediante la recopilación de *big data* para clasificar los estilos de aprendizaje individuales y dirigir después las actividades apropiadas a cada alumno. El objetivo es hacer a las personas «medibles», crear situaciones para que los estándares educativos puedan ser medidos mediante categorías muy reducidas y después digitalizarlos. Esta es la lógica de la tecnología *blockchain* (conocida por sustentar el sistema monetario del *bitcoin*), que se vende actualmente como forma de convertir en negocio la educación en la red mediante plataformas descentralizadas en las que los profesores pueden cobrar por enseñar de forma proporcional al reconocimiento adquirido en la comunidad educativa, lo cual, según sus adalides, supone una «democratización de la meritocracia»; en ningún caso, claro está, una uberización de la precariedad educativa.

El asedio permanente del espacio educativo

Las empresas tecnológicas son conscientes de la importancia del sector educativo no solo como un enorme y permanente mercado de consumo, sino también como un espacio clave para la reproducción de sus estrategias comerciales mediante la creación de nuevos consumidores (docentes, estudiantes, familias, personal administrativo) y la generación de nuevos hábitos y prácticas, enmarcados por *interfaces privadas* que cristalizan formas específicas de ver el mundo.

Por eso, la industria tecnológica, un actor cada vez más importante en el mercado educativo global, ha emprendido desde hace ya varias décadas —como hemos comentado—

un asedio incansable y permanente de las escuelas, las universidades y los sistemas educativos en general. Ha desarrollado para ello distintas estrategias y tácticas: *a)* creación de un discurso de «solucionismo y modernización» educativa adaptado *ad hoc* a la retórica de las corporaciones tecnológicas; *b)* puesta en circulación y ofrecimiento de mercancías educativas tecnológicas en los sistemas de formación, y *c)* intervención directa en la gobernanza educativa como nuevo actor capaz tanto de generar información relevante para el desarrollo de políticas educativas como de contribuir logísticamente a su implementación.

El primer mecanismo mediante el cual los principales actores del mercado educativo a escala global han logrado intervenir en el sector es la difusión de un discurso asociado con los principios de funcionamiento y las lógicas de desarrollo de las empresas tecnológicas. Este discurso integra elementos tales como la «modernización» de las escuelas, el imperativo del desarrollo de «habilidades del siglo xxi» en los estudiantes o el incremento de la «eficiencia» del trabajo docente, presentados como requisitos necesarios para desarrollar una buena educación adaptada a las necesidades del mundo tecnológico actual y de la sociedad de la información y el conocimiento. Ahora bien, todos esos elementos están profundamente imbricados con principios de mercado fácilmente identificables con el modelo y la organización del capitalismo digital. Esta narrativa, que Selwyn (2015) ha denominado *EdTech Speak,* se ha convertido con el paso de los años en un mecanismo corporativo de asedio y construcción de consensos en torno a la progresiva privatización y mercantilización de la educación como una vía para adecuar los espacios formales de desarrollo académico e intelectual a las demandas del «mundo actual». Un mundo reducido a los requerimientos de las empresas y del mercado, fundamentalmente.

Este discurso *EdTech Speak* se ha convertido en un ariete técnico, y en cierta medida intelectual y académico, que ha permitido abrir brechas en el sentido común de distintos sectores de la sociedad y de la academia en general, pero especialmente del profesorado. Los docentes son considerados receptores principales y estratégicos de las novedades ofrecidas por el mercado tecnológico educativo, lo cual ha sido asumido por las propias administraciones educativas, que han convertido la formación del profesorado en «competencias digitales» en una prioridad a la que destinan ingentes cantidades de presupuesto. Los docentes son, además, actores clave a la hora de fomentar y patrocinar el uso de determinadas tecnologías del capital en las aulas, así como su adopción generalizada.

De ahí que las compañías tecnológicas promuevan cursos, *webinars* y talleres de formación en línea del profesorado, certificados y reconocidos por estas empresas, con contenidos estandarizados sobre cómo utilizar la tecnología educativa, y que congregan a una gran cantidad de usuarios. Un ejemplo de ello son las formaciones del Teacher Center de Google, en las que se certifica a los docentes en el uso de tecnología educativa e IA mediante un examen que se realiza en todo el mundo. Estas formaciones se promueven a través de los denominados Google Educator Groups (GEG), colectivos de profesorado que colaboran con Google y que acaban convirtiéndose en «embajadores de marca» y promotores de los discursos y narrativas de la corporación en los sistemas educativos de todo el mundo.

Otro ejemplo claro son las Google Reference Schools, centros en los que Google ya no solo provee *hardware* (Chromebooks) y *software* (Workspace for Education), sino que despliega una estrategia de expansión corporativa que se teje, en forma de red-telaraña, en el propio sistema educativo y se extiende a través de él. Mediante Google Classroom, incorpora a miembros, responsables y sectores relevantes del centro, los alienta a comportarse como «embajadores de marca» bajo la denominación de *google trainers* e implanta fórmulas para que entrenen y capaciten a otros docentes y familias en las habilidades digitales requeridas por la marca para integrarse en la dinámica de esta plataforma virtual, con el fin de fidelizarlos como presentes y futuros clientes de sus productos.

El discurso ha servido de esta forma como un facilitador para la adopción acrítica de sus productos tecnológicos en las escuelas y las universidades, sin una reflexión ni un análisis serios. Este es el segundo mecanismo de intervención de la industria tecnológica: unos productos que pueden llegar a representar un gasto cada vez más cuantioso tanto para las familias como para los docentes y los propios centros educativos, con lo cual se avanza también en un proceso de privatización y dependencia educativa.

Además de lo anterior, la industria tecnológica ha buscado de forma constante integrarse en los circuitos de toma de decisiones sobre la educación, principalmente pública, con distintos grados de éxito a nivel nacional, regional e internacional. De esta forma ha logrado posicionarse no solo como actor con capacidad de ofrecer soluciones tecnológicas externas a los problemas educativos (definidos como tales por la propia industria), sino también como agente presente en los propios espacios de decisión de la política educativa. Desde esa posición le ha resultado posible fomentar un modelo, un ideal, una visión particular de lo que debe ser la educación, vinculada con la «ética» y la política de los negocios digitales.

2. Gobernanza *híbrida* digital. Nuevo mecanismo de *soberanía corporativa*

En las últimas décadas, este creciente e invasivo discurso *EdTech Speak* en el terreno educativo, que asocia modernización, eficiencia e innovación educativa con digitalización, algoritmos e inteligencia artificial generativa, se ha convertido en un mantra omnipresente en las políticas educativas globales. Este proceso no se limita a la mera incorporación instrumental de herramientas tecnológicas en las aulas, sino que, como hemos analizado, conlleva la gestación de un nuevo imaginario educativo, es decir, de una forma distinta —y profundamente ideológica— de concebir qué es la educación, para qué sirve y quién debe controlarla.

La adopción y expansión de las tecnologías digitales en el espacio educativo, en todos los niveles y etapas desde la educación infantil hasta la universitaria, pasando por la formación permanente, no debe ser interpretada únicamente como un proceso de innovación técnica o como la simple incorporación de nuevos dispositivos a las prácticas pedagógicas. Más allá de los artefactos materiales —plataformas, algoritmos, aplicaciones, nubes de datos o inteligencias artificiales— se despliega un fenómeno de naturaleza profundamente simbólica, cultural, ideológica y política: la configuración de un nuevo imaginario educativo que reordena las formas de pensar, valorar y gobernar la educación contemporánea.

No se trata meramente de sustituir pizarras por pantallas, cuadernos por *tablets* o docentes por algoritmos, sino de un fenómeno mucho más profundo: la reconfiguración simbólica del sentido mismo de educar bajo los códigos del mercado, la eficiencia y la rentabilidad. La tecnología privada, presentada como neutral e innovadora, opera como vehículo de una nueva hegemonía cultural que redefine las coordenadas del pensamiento pedagógico contemporáneo. El imaginario sociotécnico que se configura así (Jarquín, 2026; Saura, 2025) no es una capa superficial superpuesta sobre la educación: es el dispositivo mediante el cual se transforman los fines mismos de la enseñanza. Este relato —que se presenta como inevitable y beneficioso— encarna una forma renovada de dominación ideológica.

Gobernanza público-privada digital

El despliegue de este imaginario sociotécnico no sería posible sin un dispositivo político que lo sustente y lo materialice: la llamada gobernanza híbrida digital, presentada tanto por Gobiernos socialdemócratas como por liberales, conservadores e incluso de extrema derecha como la fórmula más moderna, eficiente y participativa para gestionar los sistemas educativos del siglo XXI.

Este imaginario, específicamente político y con aspiración de orden social, actúa como una poderosa visión normativa que integra tres elementos: el tradicional enfoque neoliberal de la educación como factor de desarrollo económico, ligado a la teoría del capital humano; la introducción de prácticas de gestión privada en la educación a través de la «nueva gestión pública» y la «gobernanza híbrida» (Díez-Gutiérrez, 2020), y la expansión de la tecnología digital *EdTech*.

El nuevo mantra neoliberal en la gestión educativa reza así: «La nueva política sigue la innovación privada en la gestión de lo público». Privatización vestida de innovación. Se trata de la reedición de la clásica alianza pública-privada, en la que el sector público se acaba convirtiendo en nicho de extracción y obtención de beneficio para el sector privado. Solo que ahora, en este relato posmoderno reeditado, se la remoza con una capa de barniz: se trata de tomar las decisiones conjuntamente, de orientar las políticas y decisiones públicas según los principios innovadores del sector privado, con la participación directa de los adalides cualificados de la «sociedad civil», que no son otros que los actuales filántropos del capitalismo, que ya «probaron su valía» triunfando en los negocios y ahora deben aplicar sus recetas en lo público y orientar su gestión adecuadamente.

Bajo el ropaje discursivo de la transparencia, la colaboración y la innovación, esta forma de gobernanza introduce un cambio estructural en la manera de concebir el poder público y sus responsabilidades. En lugar de fortalecer el servicio público y su capacidad para garantizar el derecho a la educación sin discriminación, se promueve una redistribución del poder de decisión y de la gestión educativa hacia redes híbridas, mixtas y difusas, denominadas habitualmente con la terminología positiva de «colaboración público-privada», en las que convergen los intereses y prioridades tanto de actores públicos como de corporaciones privadas, fundaciones filantrópicas, *think tanks*, consultoras y organizaciones supranacionales.

Este entramado híbrido transforma radicalmente la naturaleza de lo público. La noción de «colaboración público-privada» —aparentemente inocua y cooperativa— encubre un proceso de captura corporativa del espacio educativo. El Estado ya no actúa como garante del derecho y el bien común, sino como facilitador de oportunidades de negocio, transfiriendo recursos, datos y legitimidad institucional a los agentes privados —y a sus intereses corporativos—, que se presentan como socios estratégicos bajo el mantra de la necesaria «modernización» educativa.

Se trata, en realidad, de una privatización de segundo orden, más sutil y profunda que las privatizaciones clásicas: no se venden escuelas ni se externalizan servicios de forma directa, sino que se reconfiguran los marcos de decisión, los criterios de evaluación y las prioridades de inversión pública para alinearlos con los intereses del capital tecnológico.

En este nuevo régimen de gobernanza, la lógica empresarial se instala en el corazón de la política educativa. La planificación estratégica, la evaluación de resultados, la gestión de «recursos humanos» y la innovación pedagógica se incorporan como vocabulario propio del terreno educativo «moderno» y se articulan mediante instrumentos y metodologías provenientes del *management* corporativo de la empresa privada.

Se impone una cultura de «rendición de cuentas» basada en indicadores de desempeño y métricas de productividad, que gobierna «a distancia» los sistemas educativos, desplazando los fines éticos, políticos, emancipadores y sociales de la educación hacia parámetros de eficiencia, gestión y competitividad (Manganello *et al.*, 2025). De este modo, el lenguaje de la gestión empresarial reemplaza al de la emancipación, la transformación, la pedagogía, el bien común y la inclusión educativa y social. Los conceptos de justicia cognitiva, cooperación educativa, equidad o derecho se diluyen en nociones de excelencia, impacto y resultados.

La gobernanza digital amplifica esta dinámica mediante el uso de infraestructuras tecnológicas que hacen posible el control algorítmico y la toma automatizada de decisiones. Los sistemas de gestión del aprendizaje, las plataformas de evaluación en línea y los repositorios de datos educativos se convierten en los nuevos instrumentos de poder, de ese «gobierno en la distancia», mediante los cuales las corporaciones tecnológicas adquieren una posición privilegiada en la definición de las políticas educativas de los Estados y también a escala internacional. Quien controla los datos determina también la orientación de las políticas y las reformas educativas. Bajo la apariencia de neutralidad técnica, los algoritmos y las plataformas imponen sus propias lógicas de clasificación, jerarquización y normalización de prácticas, prioridades, interacciones y comportamientos en el espacio educativo, y sustituyen la deliberación democrática y participativa de las comunidades educativas por una gobernanza algorítmica dependiente de corporaciones tecnológicas, dueñas de nuestros datos.

Esta captura corporativa se legitima mediante el discurso filantrópico y el *marketing* de la innovación educativa. Las grandes empresas tecnológicas se presentan como benefactoras que ofrecen recursos, formación y herramientas «gratuitas» a los sistemas educativos, aprovechando especialmente momentos de crisis, como el confinamiento global durante la pandemia de la COVID-19, que se convierten en auténticas «ventanas de Overton» para avanzar en su agenda de privatización y disputa de la gobernanza educativa.

Han aprovechado estas «ventanas de Overton» de forma eficaz para establecer relaciones de dependencia estructural que comprometen la autonomía pedagógica y política de las administraciones y las instituciones educativas en todos los niveles, desde la educación infantil hasta la superior. Los programas piloto, las donaciones de *hardware* o *software*, las Google Reference Schools o las alianzas estratégicas con fundaciones educativas son mecanismos que operan como auténticos «caballos de Troya»: instalan las infraestructuras digitales privadas en el sistema público, al tiempo que moldean las prácticas docentes y discentes y definen los criterios de éxito escolar conforme a los intereses del mercado corporativo que diseña esas infraestructuras.

A escala global, los organismos internacionales y las plataformas transnacionales de gobernanza educativa refuerzan esta tendencia. Bajo la retórica de la innovación tecnológica o la educación 4.0, se promueven políticas de digitalización masiva que estandarizan las prácticas educativas en todo el mundo.

Se construye así una gobernanza educativa transnacional en la que los Estados pierden soberanía frente a redes de poder difusas, dominadas por corporaciones tecnológicas y fundaciones privadas con capacidad para definir y orientar los programas educativos, determinar competencias clave y establecer estándares de calidad internacionales en todos los sistemas educativos (desde PISA a TALIS, pasando por PIAAC, ICILS, SSES o TIMSS)[8]. Lo que se presenta como pluralismo participativo es, en realidad, la consolidación de un nuevo régimen global de control del conocimiento y de imposición de una agenda educativa mercantil.

Gobernanza educativa digital a distancia

En este contexto, la educación pública se ha convertido en un auténtico espacio en disputa permanente. Aunque se mantiene, al menos en el papel y en las declaraciones ofi-

---

8. Evaluaciones internacionales que miden diferentes competencias en distintas poblaciones y etapas educativas.

ciales, su función histórica como instrumento de desarrollo personal y de construcción de una ciudadanía en igualdad, equidad y justicia social, lo cierto es que se intensifica su colonización por las lógicas tecnocráticas del mercado y de la gestión digital.

La gobernanza híbrida digital no democratiza el poder educativo: lo reconfigura para hacerlo compatible con el capitalismo de plataformas. La autoridad pública se fragmenta, el interés general y el bien común se minimizan y olvidan, y el principio de soberanía pedagógica se ve sustituido por una racionalidad tecnocrática que subordina el sentido de la educación a la acumulación de datos y al imperativo de la innovación digital según el imaginario sociotécnico definido en cada momento por las corporaciones tecnológicas (Saura *et al.*, 2024).

Se configura así un imaginario sociotécnico en permanente cambio, presionado por la última novedad —especialmente si esta se presenta con un lenguaje novedoso y en inglés (gamificación, *flipped classroom, coaching, mindfulness*)—, pero siempre con la premisa de lo digital como algo insoslayable, en una formación orientada al futuro mercado laboral. La escuela deja de ser un espacio de encuentro, diálogo y formación crítica, de reflexión pausada y de desarrollo personal y social compartido para convertirse en una unidad de producción de competencias, datos y rentabilidad.

Se impone una racionalidad tecnocrática en la que el aprendizaje es concebido como un proceso individual, medible y optimizable, y el conocimiento, como un producto susceptible de ser empaquetado, distribuido y consumido por el mercado digital. De este modo, la tecnología no se limita a mediar las prácticas educativas: las modela, las jerarquiza y las subordina a una lógica de eficiencia cuantificable.

Además, la introducción de las plataformas digitales intensifica el trabajo tanto del profesorado como del alumnado al margen del tiempo y el espacio —mientras haya conexión—, lo que incrementa cada vez más el trabajo digital no remunerado (*free digital labour*). Al «estilo Uber», se transfieren al propio profesorado los gastos de medios y recursos para continuar con los procesos educativos y administrativos (gestión, evaluación, rendición de cuentas, etc.) desde su hogar: luz, internet, ordenadores, etc. Sin traslados ni salidas nos volvemos más productivos. Aumenta así el grado de explotación y el traslado de costes al propio trabajador, ya que, mediante el teletrabajo, el capital no solo se apropia de un creciente tiempo de nuestras vidas, sino también de parte del espacio doméstico y de un conjunto de objetos y herramientas que hasta ayer eran de uso personal. Todo ello facilita, además, la disgregación de la clase trabajadora, la pérdida de apoyo social y relación sindical, e incluso la deslocalización y la competencia entre trabajadores.

Las relaciones en esos entornos digitales se vertebran aparentemente bajo la confianza y la colaboración, pero, sin embargo, prevalecen rigurosos sistemas de control disciplinario que «monitorizan» la vida de forma continua. Esto genera una relación artificial, alejada de la dimensión emocional y vital que conlleva la convivencia presencial en un espacio educativo, y supone la pérdida del entendimiento relacional y el fin del encuentro estudiantil como forma de vida (Agamben, 2020). La estructura que generan estos entornos supedita la dinámica fluida del centro a los estándares de corte técnico y a los protocolos de cumplimiento burocrático que respalden y den cuenta de las acciones realizadas (dada la desconfianza manifestada por las administraciones educativas respecto al trabajo no presencial). Imponen, además, «nuevos sistemas de gestión» basados en el logro de estándares y una constante rendición de cuentas. Un camino que, como concluyen Pardo *et al.* (2018), conduce inexorablemente hacia el fenómeno de la *uberización* y potencia una organización más tecnocrática y gerencialista.

Es más, bajo la apariencia de progreso tecnológico, se transfieren funciones, decisiones e incluso la legitimidad institucional desde el derecho a la educación hacia el negocio educativo, desde lo público hacia lo privado, desde lo pedagógico hacia lo instrumental. No se trata solo de qué se enseña o de cómo se hace, sino un cambio profundo en los sentidos, las subjetividades y la gobernanza educativa: el aprendizaje deja de ser un proceso social, cooperativo y humanizador para convertirse en una actividad individual, cuantificable y gamificada, sometida a métricas de rendimiento y a sistemas de vigilancia algorítmica. Se diluye la noción de educación como derecho público y se consolida la idea de la educación como servicio susceptible de ser gestionado, optimizado y explotado económicamente.

El nuevo imaginario desplaza la pregunta tradicional sobre los fines de la educación —qué ciudadanía formar, con qué valores, para qué sociedad— y la sustituye por una preocupación exclusivamente instrumental: cómo hacer el proceso más rápido, más rentable, más «personalizado» y adaptado a los requerimientos del sistema económico capitalista. En este tránsito, la educación deja de ser un derecho universal garantizado por el Estado y se reconfigura como un bien de consumo, una inversión y una oportunidad gestionados bajo criterios empresariales. El aula se convierte en un espacio y oportunidad de recolección y extracción de datos; el profesorado, en un operador y gestor de sistemas y programas, y el alumnado, en un conjunto de perfiles de usuario cuyo comportamiento es monitorizado, registrado y predicho.

En este nuevo marco ideológico y político, los principios y valores dominantes que redefinen el hecho educativo no son ya aquellos ligados a la solidaridad, la justicia o la formación crítica, sino los vinculados al rendimiento, al capital humano, a la personalización algorítmica y a la rentabilización del aprendizaje. Las escuelas y las universidades dejan de ser espacios de desarrollo personal, de construcción de ciudadanía y convivencia democrática, de impulso científico para un mundo más justo y un planeta más habitable, y se convierten progresivamente en espacios de interacción digital con pantallas y algoritmos, en nodos de datos bajo vigilancia silenciosa, en motores de formación de sujetos adaptados a la competencia global.

Este nuevo «panóptico-datóptico» se construye a través de una densa red de actores e instituciones que lo legitiman y lo difunden: grandes corporaciones tecnológicas, organismos internacionales, consultoras educativas, fundaciones filantrópicas, medios de comunicación y universidades privadas aliadas con la industria digital. Estos agentes no solo producen discursos de modernización y progreso ligados a la última novedad tecnológica, sino que fabrican consenso en torno a una visión unívoca de la educación del futuro: una educación gobernada por datos, guiada por algoritmos y orientada a la productividad. Las narrativas oficiales de innovación educativa, sostenibilidad digital o personalización del aprendizaje funcionan como dispositivos retóricos destinados a neutralizar la crítica y a invisibilizar los intereses económicos y políticos que subyacen a la expansión de la *EdTech*.

De hecho, este imaginario opera mediante tecnologías simbólicas: los discursos oficiales que exaltan la innovación digital como sinónimo de progreso; los estándares internacionales que promueven métricas de eficiencia; las plataformas que transforman al alumnado en usuario; los algoritmos que categorizan, jerarquizan y normalizan la datificación; la narrativa *EdTech Speak* que se difunde...

No son mecanismos neutros ni únicamente técnicos: son mecanismos ideológica y políticamente cargados. A través de congresos internacionales, informes de prospectiva, plataformas de divulgación y proyectos «piloto», este imaginario se filtra en la opinión pública y en los marcos institucionales de decisión. Los organismos internacionales promueven políticas de digitalización y gobernanza de datos bajo el discurso de la eficiencia, mientras las grandes tecnológicas se presentan como socios indispensables de los Estados y Gobiernos para lograr una educación «inteligente» y «del siglo XXI». De esta manera, se consolida una alianza estratégica entre poder político y capital tecnológico que normaliza la subordinación de la política educativa a la lógica del mercado digital.

La gobernanza digital supone de esta forma una reestructuración del campo educativo. Las decisiones relevantes ya no recaen exclusivamente en agentes públicos democráticamente elegidos, sino que se externalizan hacia corporaciones tecnológicas, fundaciones privadas, plataformas globales. Estas organizaciones no solo proporcionan herramientas, sino que moldean agendas: definen qué competencias importan, qué tecnologías se adoptan, cómo se evalúa el éxito escolar.

La captura corporativa se disfraza de colaboración público-privada o *partnership*, de innovación abierta y colaborativa, de modernización urgente. Pero su efecto es redistribuir la autoridad: el Estado delega funciones estratégicas —evaluaciones, infraestructuras, estándares digitales— y, con ello, su capacidad de deliberación y decisión en materia de política educativa. Se establece una dependencia institucional respecto a decisiones que, aunque afectan a lo público, se diseñan conforme a lógicas de mercado capitalista.

Este imaginario sociotecnocrático no se impone por decreto, sino mediante la producción constante de esas narrativas seductoras, la *EdTech Speak*, que asocian la digitalización con el progreso, la innovación y la modernidad. La promesa de una educación «inteligente», «personalizada» y «conectada» actúa como un dispositivo de legitimación del poder corporativo y desplaza las preguntas éticas y políticas sobre quién define el conocimiento, con qué fines y bajo qué intereses. Se naturaliza así una nueva racionalidad educativa en la que la tecnología no solo media el proceso de enseñanza-aprendizaje, sino que lo gobierna, lo condiciona y lo evalúa.

La consecuencia de este proceso es una transformación epistemológica del sentido y el significado del hecho educativo. Este deja de ser un espacio de desarrollo y acompañamiento del proceso de crecimiento personal, de construcción compartida y crítica del conocimiento, de deliberación democrática y experimentación de la ciudadanía, de aprendizaje de valores, para convertirse progresivamente en una infraestructura de mercado gobernada por algoritmos, inversores y consultores. La educación ya no se orienta al bien común, sino a la producción de capital humano y al suministro de datos para el negocio digital. En definitiva, la gobernanza híbrida digital constituye el rostro contemporáneo de la privatización, una forma de expropiación simbólica y material del derecho a la educación.

Subjetividades digitales y despolitización del acto educativo

El avance de la gobernanza digital en educación no solo transforma las estructuras institucionales y las formas de gestión, sino que interviene directamente en la configuración de las subjetividades educativas. Esta es la operación más sutil de dicha hegemonía cultural: su capacidad para reconfigurar la subjetividad de los actores educativos.

Las tecnologías digitales, al integrarse en los procesos pedagógicos y en los dispositivos de evaluación y control, producen nuevos modos de ser docente y de ser estudiante, e incluso de constituirse como comunidad educativa y social. Se trata de una mutación antropológica de la experiencia educativa en la que el sujeto crítico es progresivamente reemplazado por el sujeto digital, moldeado por algoritmos, guiado por métricas y educado para adaptarse a los imperativos del mercado digital.

En este nuevo ecosistema, el profesorado deja de ser un intelectual crítico y político con capacidad para interpretar, cuestionar y transformar la realidad, y pasa a convertirse en un gestor de recursos digitales y flujos informativos, un mediador técnico entre el alumnado y las plataformas. Las prácticas docentes se ven cada vez más condicionadas por sistemas de gestión del aprendizaje que estandarizan la planificación, la evaluación y la interacción pedagógica. El trabajo docente se precariza simbólicamente: pierde autonomía, autoridad y sentido ético y político, mientras gana en control, vigilancia y presión por resultados. La profesionalidad del docente se redefine bajo los parámetros del rendimiento y la eficiencia, y desplaza el compromiso social, crítico, transformador y emancipador que históricamente caracterizó la tarea educativa.

De forma paralela, el alumnado, autónomo solo en apariencia, pero profundamente dependiente de las mediaciones tecnológicas que guían, evalúan y corrigen su aprendizaje, es reconfigurado como usuario y consumidor educativo. La experiencia de aprender se despolitiza al fragmentarse en módulos de competencias, indicadores de progreso y rutas personalizadas de aprendizaje. La promesa de «personalización» que ofrecen las plataformas *EdTech* no es sino una estrategia de segmentación de mercado: cada alumno se convierte en un nodo de datos cuya conducta puede ser analizada, anticipada y monetizada. La autonomía se convierte en autoexplotación incesante por conseguir los logros establecidos algorítmicamente; la motivación, en gamificación, y la participación, en vigilancia consentida.

Este proceso produce una «infantilización» tecnológica del sujeto educativo, que tiende a confundir la inmediatez de la conexión con el conocimiento, y el acceso a la información con la comprensión crítica. La lógica algorítmica del «me gusta», del *ranking* y de la evaluación continua estandarizada alimenta una subjetividad ansiosa, sobreestimulada, competitiva, meritocrática y permanentemente autoevaluada. La relación educativa, que debería fundarse en el diálogo, la comprensión y la construcción compartida del sentido, se ve reemplazada por un flujo constante de retroalimentación digital en el que el valor del aprendizaje se mide en clics, insignias, *budgets* o niveles alcanzados.

La despolitización del acto educativo no es un efecto colateral, sino un objetivo estructural de este nuevo régimen digital. Al reducir la educación a una serie de procesos técnicos y medibles, se neutraliza su dimensión ética y política. La enseñanza deja de ser un espacio de confrontación de ideas, de crítica social y de imaginación colectiva del futuro para convertirse en un circuito cerrado de datos que retroalimenta los intereses de la industria tecnológica. El pensamiento crítico se sustituye por la competencia digital; la ciudadanía, por la empleabilidad; la reflexión, por la inmediatez.

La consecuencia es la emergencia de una subjetividad neoliberal digitalizada, caracterizada por la autoexigencia permanente, la búsqueda de reconocimiento en métricas externas y la interiorización de la lógica de la competencia y el emprendimiento capitalista. La educación deja de interpelar al sujeto como ciudadano y lo interpela como microempresario de sí mismo, responsable de su éxito o fracaso en función de su capacidad de adaptación a los entornos digitales del capitalismo de plataformas. En este contexto, el fracaso escolar se convierte en un fallo individual y no en el síntoma de una estructura desigual e injusta. Se culpabiliza a la víctima y se exculpa al modelo que permanece intacto.

Además, la centralidad de los algoritmos en la mediación educativa introduce una nueva forma de heteronomía epistémica. Los criterios de selección del conocimiento, de evaluación del rendimiento o de recomendación de contenidos quedan en manos de sistemas automatizados opacos, diseñados por actores privados y guiados por lógicas comerciales. Lo que el estudiante aprende, cómo lo aprende y con qué propósito dejan de ser fruto de una deliberación pedagógica y pasan a depender de decisiones inscritas en un código que nadie debate ni controla. La neutralidad tecnológica se revela así como una ficción funcional al desmantelamiento del pensamiento crítico.

En última instancia, esta transformación de las subjetividades conduce a una domesticación del deseo de saber, sustituido por el afán de aprobar, de ser validado y recompensado. Aprender ya no implica comprender, cuestionar o transformar, sino acumular certificaciones digitales que confieren valor en el futuro mercado laboral. La educación se convierte en un proceso de autoformateo permanente, una carrera interminable de actualización tecnológica que reemplaza el ideal ilustrado de emancipación por la lógica del rendimiento. El sujeto educativo del capitalismo digital no busca libertad, sino validación; no anhela conocimiento, sino competencia. La promesa de autonomía que ofrecen las plataformas se convierte en un dispositivo de control constante, en un mecanismo de vigilancia algorítmica que transforma la educación en una forma de biopolítica digital. Cada interacción —clics, tiempos de respuesta, patrones de navegación— es «dataficada» y convertida en capital comportamental. Este *datóptico* representa la evolución digital del panóptico foucaultiano, en el que la vigilancia se internaliza y naturaliza.

Las plataformas no obligan; seducen. Invitan a la autogestión del aprendizaje, la personalización y el desarrollo del potencial: una forma de digitalización tecnocrática de la educación. Esta gubernamentalidad (Foucault, 2007) produce, en definitiva, sujetos que se autogobiernan según los imperativos del mercado, pues creen ejercer su libertad mientras internalizan las lógicas del capitalismo digital. Quienes controlan los datos y los algoritmos definen qué cuenta como verdad científica y qué tiene valor pedagógico. Las corporaciones, mediante sus algoritmos propietarios, establecen los criterios de éxito educativo, docencia efectiva y aprendizaje óptimo. La comunidad social, carente de esa capacidad y ese poder, deviene dependiente y cede su autoridad epistémica y, con ella, su soberanía educativa.

Gobernanza filantrocapitalista digital y soberanía corporativa en educación

No olvidemos que detrás de esta digitalización de la educación está la intervención directa de actores filantrópicos con poder económico masivo, quienes operan bajo la lógica del capital y del mercado. Promocionan sus modelos empresariales como soluciones políticas, sociales y educativas, con lo que inciden en las agendas y las políticas públicas, a la vez que promocionan y blanquean sus marcas de negocio y obtienen suculentas desgravaciones fiscales (Saura, 2020).

Incluso los dueños de las tecnológicas como el fundador de Amazon, Jeff Bezos, el de Twitter, Jack Dorsey (ahora X, en manos de Elon Musk), o el matrimonio Bill y Melinda Gates, de Microsoft, han hecho donaciones a programas educativos, al estilo de lo que Greene (2018) ya denominó como «filantropía *Big Tech*», señalando que su «filantropía» resulta irrisoria en comparación con lo que se podría lograr si pagarán todos sus impuestos.

Este fenómeno ha sido conceptualizado como gobernanza filantrocapitalista, un modelo en el que fundaciones, corporaciones tecnológicas y «capitalistas filantrópicos» participan activamente en la definición de agendas educativas, políticas curriculares y prácticas pedagógicas, bajo el pretexto de innovación y modernización digital (Saura, 2020).

«Así nacen como actores políticos en la toma de decisiones de la agenda educativa, hibridando nuevas interacciones entre lo privado y lo público» (Saura, 2017, p. 32), lo que les permite ejercer una fuerte influencia en los cambios políticos de los sistemas educativos hacia una mayor privatización y una mayor profundización del modelo neoliberal. De hecho, lo privado y lo público son espacios cada vez más difuminados como resultado de la incorporación del filantrocapitalismo en la política y la agenda pública.

La necesidad de fondos económicos en los centros educativos públicos, debida a los recortes en la financiación de la educación y a la sutil implantación en la mentalidad colectiva del mantra de la «colaboración público-privada», está abriendo cada vez más el campo a esta gobernanza híbrida. Las formas y las estrategias son diversas: la financiación de instalaciones a cambio de publicidad encubierta o explícita en las mismas; el patrocinio empresarial y bancario de concursos económicos y financieros con supuesta finalidad educativa; la dotación de premios al mejor docente por parte de multinacionales del *edunegocio,* que lo convierten en «embajador de marca», o incluso la promoción de supuestas reinvenciones de la «innovación educativa» que, más bien, son un *remake* de propuestas pedagógicas clásicas, pero que se venden en charlas TED difundidas profusamente en redes digitales como «soluciones milagrosas a la educación» y como nuevo pensamiento positivo educativo con fuerza motivacional.

> En las fallas de los gobiernos, los filantrocapitalistas entienden que es el momento idóneo para incorporar sus éxitos de capital debido a la extensión de la crisis por todo el globo y los consecuentes procesos de escasez de inversión en las políticas sociales. En el caso de la educación, los filantrocapitalistas logran incorporarse con gran preponderancia en la arena política al comprender que pueden dedicarse a la caridad a la vez que extienden los límites del mercado. (Saura, 2017, p. 34)

La filantropía se convierte así en estrategia de influencia y expansión de mercado, y moldea entornos educativos para que se adapten a los requerimientos del capitalismo digital globalizado. Plataformas educativas, *software* de gestión del aprendizaje y herramientas de inteligencia artificial transforman, como hemos visto, no solo los procesos de enseñanza, sino también las subjetividades, las expectativas y las prioridades educativas, que quedan subordinados a intereses corporativos (Reikosky, 2023). En este escenario, la digitalización no es solo una apuesta económica, sino una tecnología política que permite la expansión del control a través de la conectividad y la datificación.

La gobernanza filantrocapitalista digital se caracteriza, como podemos ver en la figura 2, por:

- Control indirecto de la agenda pública: ejercen poder político sin haber sido elegidos. Intervienen en las políticas educativas y condicionan agendas gubernamentales mediante financiación estratégica. Estas fundaciones filantrópicas definen o codefinen qué problemas son prioritarios, qué métricas importan y qué tecnologías deben implementarse, con lo que influyen en las decisiones de las políticas públicas estatales e internacionales (Saura, 2020).
- Legitimación del poder económico: la filantropía actúa como mecanismo de legitimación reputacional del capital y permite a las élites económicas presentarse como actores benevolentes mientras consolidan su influencia. Convierte la «ayuda» en un dispositivo de poder blando (Rowe, 2023).
- Dependencia asimétrica: se infiltran en instituciones públicas mediante alianzas, consultorías, *think tanks* o donaciones condicionadas. Aunque se presentan como colaboraciones, suelen generar dependencia estructural de fondos privados a largo plazo y fijan estándares sin deliberación democrática.

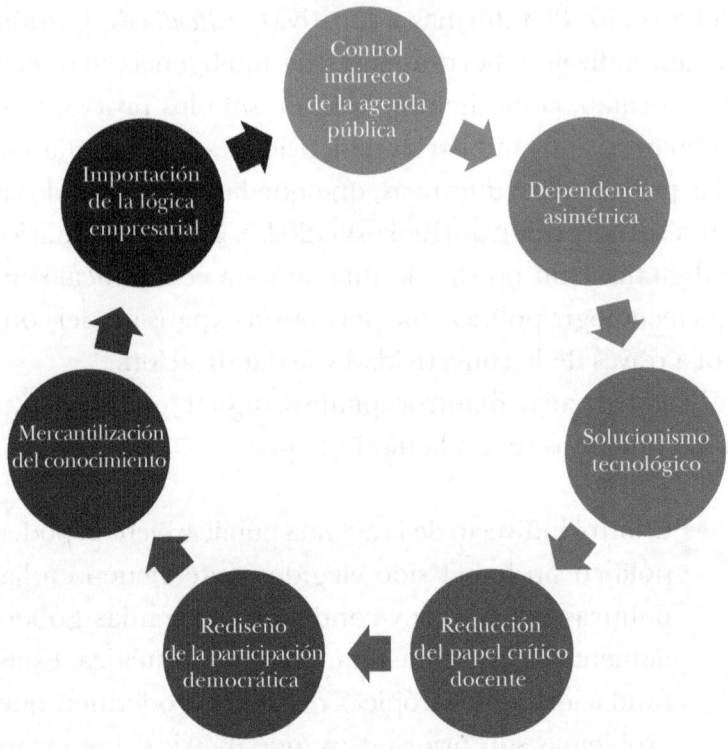

Figura 2. Características de la gobernanza filantrocapitalista digital.

- Solucionismo tecnológico: la narrativa *EdTech Speak* dominante sugiere que los desafíos educativos pueden resolverse mediante la tecnología, lo que invisibiliza factores sociales, culturales y económicos más profundos (Watson, 2019; Díez-Gutiérrez, 2021).
- Reducción del papel crítico docente: el profesorado se convierte en mediador de plataformas y algoritmos, cuya función principal pasa a ser ejecutar rutas de aprendizaje y responder a métricas externas (Saura, 2023).
- Rediseño de la participación democrática: la toma de decisiones se desplaza hacia redes tecnológicas,

lo que debilita la capacidad de decisión de las comunidades educativas. Se impulsa una gobernanza basada en datos, controlada por actores privados con capacidad de definir qué se considera «evidencia» (Schowalter, 2014).

- Mercantilización del conocimiento: los datos generados por estudiantes y docentes se transforman en recursos estratégicos, utilizados para mejorar productos, expandir mercados y orientar políticas educativas hacia la eficiencia y la rentabilidad económica bajo los parámetros del capitalismo de la vigilancia (Zuboff, 2023).
- Importación de la lógica empresarial al sistema educativo: traslada la cultura corporativa —eficiencia, escalabilidad, rentabilidad económica, entre otros valores— al funcionamiento de los centros y a la gestión de lo común.

Este modelo representa un nuevo régimen de poder educativo en el que lo público es funcional al interés privado, lo digital se convierte en vehículo de control y mercantilización, y la emancipación pedagógica queda subordinada a la lógica del capital.

Soberanía corporativa digital en educación

En el marco del capitalismo digital, las fundaciones filantrópicas actúan como *brokers* del conocimiento y de la agenda política (Ortegon *et al.*, 2024). A través de donaciones, programas de «innovación educativa» y financiación de investigaciones o proyectos piloto, estos actores definen qué se considera educación de calidad, qué problemas merecen la atención del sistema educativo y qué soluciones son aceptables. La retórica del «impacto y la demanda social» encubre un proceso de subordinación de lo público a las lógicas privadas, en el que las decisiones pedagógicas se orientan por métricas de eficiencia, productividad y competitividad global (Reikosky, 2023). La educación, en este sentido, deja de ser un derecho social que la comunidad ha de garantizar y se convierte en un espacio de negocio y experimentación de aplicaciones tecnológicas que recolectan datos de forma ininterrumpida para su comercialización. El resultado es un ecosistema educativo gobernado por datos en el que la toma de decisiones se desplaza de las comunidades educativas a actores externos con intereses comerciales.

El filantrocapitalismo digital opera también como una estrategia de legitimación ideológica. Su narrativa combina los principios neoliberales de la eficiencia y el rendimiento con un discurso humanitario de innovación social y democratización del conocimiento. En realidad, este relato encubre una profunda asimetría de poder y de soberanía cognitiva, en la que los actores con mayor capacidad financiera definen el horizonte educativo global (Rowe, 2023). Las políticas educativas se ven así condicionadas por redes transnacionales de influencia que vinculan Gobiernos, empresas tecnológicas, organizaciones internacionales y *think tanks* financiados por capital privado.

En el caso de la digitalización educativa, esto se traduce en la normalización de plataformas de aprendizaje, sistemas algorítmicos de evaluación y programas de competencias digitales promovidos por consorcios empresariales —Google for Education, Microsoft Education, Fundación Telefónica, UNESCO, Banco Mundial— que actúan de forma coordinada en la definición de estándares globales en la educación.

Estas alianzas se presentan como soluciones pragmáticas a los desafíos educativos contemporáneos: la brecha digital, la innovación, la equidad o incluso la sostenibilidad. Sin embargo, su racionalidad es profundamente neoliberal, capitalista y tecnocrática, puesto que conciben la educación como un espacio de inversión y optimización, no como un derecho o bien común. La filantropía de estas corporaciones y fundaciones que controlan las infraestructuras tecnológicas funciona aquí como un dispositivo de legitimación moral: las donaciones, los programas de impacto o los proyectos piloto se inscriben en narrativas de «responsabilidad social» que ocultan los procesos de privatización, extracción de datos y dependencia tecnológica. Todo ello genera una nueva arquitectura de gobernanza algorítmica a distancia en la que, además, los datos de los estudiantes, docentes y centros educativos se convierten en materia prima de valor económico y político (Williamson, 2019).

Estas alianzas híbridas de gobernanza distribuida y en red no solo reconfiguran la gestión educativa, sino que redefinen el sentido de la educación en la era del capitalismo digital y acumulan un poder sin precedentes sobre la construcción del conocimiento humano y la producción de subjetividades sociales. Al institucionalizar una visión tecnocrática del aprendizaje —centrada en la competencia, la evaluación permanente y la preparación para el mercado global—, neutralizan las potencialidades críticas y democráticas de la educación emancipadora y la convierten en práctica acrítica.

De esta forma, la introducción de plataformas, programas y herramientas tecnológicas y de IA generativa está consolidando un modelo de soberanía corporativa digital que redefine el control sobre los sistemas educativos. Las grandes corporaciones tecnológicas y sus fundaciones filantrópicas lideran progresivamente la agenda de las políticas educativas: establecen normas, definen estándares, administran infraestructuras educativas digitales a escala global, sistemas de gestión del rendimiento y algoritmos de evaluación, y desplazan así la autoridad de los Estados y organismos públicos.

La soberanía corporativa digital no se limita a la gestión técnica de los sistemas, sino que implica una colonización epistemológica que opera mediante la creación de ecosistemas sociotécnico-normativos completos. En ellos, plataformas, estándares y algoritmos establecen las condiciones de posibilidad de lo educativo y definen qué cuenta como conocimiento válido, éxito educativo y buena práctica pedagógica. Sus arquitecturas técnicas normalizan ciertas formas de hacer y ser en educación: los contenidos, las metodologías y los criterios de evaluación se ajustan a sus intereses empresariales. La definición de «educación de calidad» y de competencias relevantes para la economía global la establecen los marcos impuestos por estas entidades, mientras las políticas públicas adoptan sus modelos como estándares de referencia.

Este desplazamiento de poder crea un escenario que trasciende la mera provisión de servicios por parte de las *Big Tech* para constituir un régimen de gobernanza que erosiona progresivamente la soberanía tradicional del Estado-nación frente a estas «naciones digitales» con más poder económico que muchos países, y que reconfigura el contrato social educativo del siglo XXI en clave de capitalismo digital (UNESCO, 2024).

En última instancia, el imaginario sociotécnico que nos vende esta narrativa de gobernanza híbrida digital constituye una nueva fase del colonialismo del conocimiento: la invasión de los lenguajes, valores y fines del capitalismo digital en el núcleo mismo de la experiencia pedagógica. La soberanía pedagógica de las comunidades educativas se diluye ante la dependencia estructural de infraestructuras, *software* y servicios controlados por corporaciones transnacionales. Bajo el discurso del progreso y la innovación se impone un nuevo régimen de dominación cultural, económica y epistémica, en el que la educación se convierte en un campo de extracción de datos, beneficios y subjetividades conformes al orden neoliberal. La educación deja de ser un proyecto emancipador y se convierte en un laboratorio de ingeniería social orientado a producir consumidores competentes, usuarios obedientes y trabajadores flexibles para la economía de plataformas. En nombre de la modernización, se despoja a la escuela de su potencial transformador y se reescribe su misión bajo los imperativos de la rentabilidad y el control. Lo que se anuncia como emancipación digital no es más que una sofisticada forma de sometimiento: una colonización de la imaginación pedagógica que vacía de contenido político el acto de educar.

3. La soberanía digital educativa como bien común y público

Debatir sobre soberanía digital implica esbozar brevemente algunas discusiones en torno al concepto de soberanía, el cual, aunque cuestionado por décadas de políticas radicalmente favorables a la libertad del capital financiero para «volar» a cualquier mercado potencialmente atractivo, aún mantiene una gran relevancia, particularmente ante el proceso de digitalización del mundo que afecta en gran medida a los sistemas educativos.

La lógica política que subyace al espacio compartido del mundo digital contemporáneo no responde a las ilusiones tecnolibertarias de la década de los noventa. Los poderes materiales y los intereses objetivos enmarcan el «campo de juego» en el que se despliegan las dinámicas culturales, sociales y educativas. Este campo, predefinido por estas lógicas, conlleva también patrones de dominio y poder, y ello se expresa en el terreno de la soberanía digital, un concepto que se ha utilizado para hacer referencia a distintas formas de independencia, autonomía y control sobre infraestructuras, tecnologías y datos (Couture y Toupin, 2019).

El problema de la soberanía es un elemento constante en la historia del pensamiento social y una preocupación habitual en los debates políticos a lo largo del tiempo, en los cuales han participado autores clásicos como Thomas Hobbes. Dicha discusión ha estado generalmente centrada en la figura estatal, sobre todo tras la denominada Paz de Westfalia, que marca en la historia política el inicio de un ordenamiento centrado en la soberanía del Estado. Es en este marco en el que, en un principio, se han construido las principales tendencias y escuelas de análisis político, en especial en el campo de las relaciones internacionales. Ahora bien, el advenimiento de internet ha hecho más compleja esta discusión, en particular a partir de la descentralización y la «apertura» a espacios de interacción e intercambio más allá de los límites de control estatal, lo cual ha generado un nuevo escenario de disputa y discusión sobre la concepción de la soberanía.

La denominada digitalización de los más diversos ámbitos de la vida humana, en su dimensión individual y colectiva, ha planteado un conjunto de retos para la capacidad de los Estados a la hora de ejercer un control efectivo sobre las prácticas, procesos y acciones que tienen lugar en los distintos espacios que componen la «infraestructura» digital mediante la cual se mantienen conectadas millones de personas en todo el mundo. Esto es producto de una serie de cambios en el plano «material», en el que convergen estructuras de conectividad, políticas económicas específicas y nuevas dinámicas de organización política de clase.

Un problema generado por la «inmaterialidad» de lo digital reside en el necesario desplazamiento de los espacios de control y poder por parte de las autoridades constituidas, que deben ahora lidiar con la inexistencia de barreras claras en torno a sus esferas de influencia y de control. En este proceso, nuevos actores se han posicionado como grandes protagonistas. La centralidad del control, la política y la gestión de los procesos sociales en el contexto actual ha recaído en un conjunto de empresas tecnológicas, principalmente estadounidenses (en el caso de Occidente), que detentan la infraestructura tecnológica, el conocimiento y el dominio del mercado global de plataformas.

En este contexto, voces expertas, desde distintos espacios, han mostrado gran interés por el problema de la soberanía digital en los últimos años, en particular a la luz del avance que las corporaciones privadas han logrado en el «acompañamiento» a Gobiernos nacionales y locales en la provisión de servicios públicos críticos y estratégicos, como educación y salud (Cancela, 2021).

En paralelo a dichas discusiones, algunos Gobiernos han impulsado un abanico de políticas regulatorias destinadas a recuperar el control de los espacios digitales, que incluyen la regulación del movimiento y el almacenamiento de datos en determinados territorios, la limitación de las actividades de algunas agencias comerciales y de inteligencia provenientes de otros Estados, y el acceso que dichas entidades pueden tener sobre datos considerados estratégicos (Pohle y Thiel, 2022).

Las acciones de gobierno en este ámbito mantienen también la huella de la heterogeneidad estructural del capitalismo, ya que se desarrollan de forma desigual. Mientras el Norte Global busca conformar esquemas de mayor seguridad digital, así como mejoras técnicas y tecnológicas que permitan incrementar la productividad o expandir sus esferas de influencia, en el Sur Global, la preocupación inmediata suele ser atender las problemáticas de la brecha digital e impulsar propuestas de desarrollo tecnológico con una menor dependencia respecto al gran capital y a la influencia política de los países industrializados. Sin embargo, resulta sumamente difícil plantear la posibilidad de construir proyectos autónomos y soberanos en el ámbito tecnológico (Ceballos *et al.*, 2020).

La problemática de la soberanía en un contexto de mayor uso de la tecnología digital expresa también su correlato educativo. Con el avance de las tendencias globales de digitalización educativa, impulsadas en gran medida por corporaciones tecnológicas del Norte Global, organismos multilaterales y bancos de desarrollo vinculados a su misma esfera geopolítica de influencia, y bajo una lógica *top-down,* se configura un escenario en el que los países de todo el mundo deben hacer frente a nuevos actores con capacidad de decidir —*de facto*— sobre contenidos, prácticas y sentido de la educación.

Esta tendencia también ha implicado una mayor pérdida de autonomía por parte de las comunidades educativas locales, que terminan por utilizar tal tecnología para el desarrollo de sus actividades cotidianas, dado que ni el profesorado, ni el alumnado, ni siquiera el personal directivo de los centros escolares tienen ni pueden tener control sobre las infraestructuras digitales. Esta cuestión ha generado un creciente interés en el campo de la investigación educativa, tal como muestra el trabajo de Parcerisa *et al.* (2024).

¿Cómo entender la soberanía digital educativa? Una aproximación

El despliegue geográfico y geopolítico de las operaciones de las corporaciones tecnológicas, principalmente estadounidenses, aunque con una participación cada vez mayor de las grandes tecnológicas chinas, ha provocado que buena parte de la información generada por los Estados acabe deslocalizada en manos de los nuevos actores globales, las «naciones digitales», que asumen así un papel clave en el mantenimiento de un orden geopolítico global. De hecho, en los sistemas educativos del Sur Global, estas corporaciones están contribuyendo a la creación de nuevas relaciones de dependencia y, con ello, a la consolidación de distintas formas de control.

Esta situación ha provocado diversas respuestas a escala global. Una de ellas, probablemente el primer paso, es la iniciativa regulatoria, con la que se busca reducir los efectos no deseados del avance de las corporaciones tecnológicas en la dimensión digital de la política y la organización social. Un ejemplo de ello es el impulso en Europa de la Ley de Mercados Digitales y la Ley de Servicios Digitales.

El problema de la soberanía ha adquirido en los últimos años una gran actualidad a nivel global. En 2020, el Gobierno de Alemania declaró públicamente su intención de «establecer la soberanía digital como *leitmotiv* de la política digital europea» (Pohle y Thiel, 2022, p. 2). Y no es para menos. Diversos autores han planteado que, en términos estatales, la soberanía nacional se encuentra ampliamente condicionada por la soberanía de datos (Juri, 2023), es decir, por la capacidad que tienen los Estados para almacenar y gestionar los datos producidos dentro de sus fronteras. Esta capacidad se encuentra profundamente cuestionada por la propiedad y el control que las grandes corporaciones tecnológicas, localizadas principalmente en Silicon Valley, ejercen sobre las infraestructuras digitales utilizadas por la sociedad y por los propios Gobiernos. Se trata de auténticas «naciones digitales» cuya capacidad de desarrollo de infraestructuras digitales, así como la creciente integración de sus tecnologías en las administraciones estatales, les ha permitido construir una influencia política cada vez mayor en distintas regiones.

La soberanía digital es un tema de interés que no compete únicamente a Gobiernos, sino que se ha ido expandiendo hacia la sociedad en su conjunto e incluso hacia los propios individuos. En este caso, consideramos que el problema de la soberanía digital es una discusión impostergable en cualquier proyecto educativo, más aún cuando se trata de iniciativas educativas que buscan apuntalar prácticas orientadas a la democracia y al bien común.

Existen diversos ángulos desde los cuales se puede construir una conceptualización de la soberanía digital, y esta problemática puede ser abordada además en distintas escalas. A menudo se plantea que la soberanía digital atañe a la capacidad estatal para la protección y gestión de los datos generados por la ciudadanía a través de las tecnologías digitales (De la Encarnación y Canal, 2023), aunque algunos abordajes también vinculan la noción de soberanía con otros actores, como la ciudadanía y las organizaciones civiles, pero bajo un sentido diferente: el de la alfabetización digital crítica que, entre otras cosas, pueda consolidar el margen de responsabilidad ciudadana (Parcerisa *et al.*, 2024).

Por otro lado, la soberanía digital puede entenderse como la autonomía y el control de las infraestructuras digitales:

> La soberanía digital es la capacidad de Estados y comunidades de ejercer control autónomo sobre tecnologías, infraestructuras digitales y datos, garantizando la protección de la privacidad, la seguridad de la información y la gobernanza independiente, resistiendo a la dominación de grandes corporaciones y potencias extranjeras, y promoviendo la autodeterminación del espacio digital. (Lemos *et al.*, 2024, p. 20)

En su trabajo, Pohle y Thiel (2022, p. 3) reconstruyen la relación entre soberanía y mundo digital. Recuerdan que, en la discusión actual, la noción de soberanía, cuando se vincula con su expresión estatal, implica dos dimensiones:

externa (independencia de un Estado frente a otros Estados) e interna (poder de mando del Estado sobre todos los poderes dentro de su territorio). Estas preocupaciones, señalan los autores, se han replanteado. De un interés por la potencial amenaza que las redes descentralizadas de Internet podrían representar para la soberanía estatal, una preocupación típica de la década de los noventa, se ha pasado a la inquietud por la «amenaza corporativa»; es decir, el poder que las empresas detentan y ejercen sobre infraestructuras, contenidos y hábitos digitales.

Ahora bien, no toda discusión sobre la soberanía digital parte de una noción *estadocéntrica*. Existen otras iniciativas que se construyen a partir de la autonomía de los usuarios que desarrollan distintas actividades en plataformas y espacios digitales (Juri, 2024) y se remiten a la capacidad de las personas para tomar decisiones respecto al tratamiento de sus datos personales.

En este libro recuperamos la dimensión analítica de la soberanía digital educativa como un horizonte y un proyecto hacia el cual caminar, cuyo espacio de realización desborda la lógica estatal y se centra en las comunidades. Consideramos, entonces, que la soberanía digital educativa consiste en la posibilidad de decidir libremente y con autonomía la adopción o no de tecnología digital en los centros escolares, en función de las necesidades situadas de dichos centros y de la comunidad en su conjunto, así como de la capacidad de decidir qué tecnología adoptar. No obstante, esto no se circunscribe únicamente a la esfera del «consumo tecnológico», ya que la soberanía educativa solo puede alcanzarse cuando son las comunidades las que tienen la capacidad de controlar tanto los artefactos tecnológicos como la infraestructura digital que habilita su funcionamiento.

Dimensiones de la soberanía educativa digital

En una lectura más bien de corte estratégico, la soberanía digital puede ser entendida, como plantea Cancela (2020, p. 131) al discutir el caso chino, como una «herramienta para alcanzar la independencia tecnológica al tiempo que se interviene en las lógicas del capitalismo global, comprendiendo correctamente sus límites y operando políticamente en los límites de lo posible». Es decir, una política que en última instancia desafía la hegemonía dominante.

La soberanía digital educativa propuesta no se centra únicamente en la dimensión de la circulación de productos, artefactos o plataformas digitales en las escuelas, sino que discute el control sobre dicha tecnología, así como la capacidad de las comunidades educativas para hacer un uso tecnológico que les resulte benéfico en favor del bien común y no de los intereses comerciales de corporaciones que encuentran en el sistema educativo un espacio estratégico para ampliar su mercado. La soberanía digital en la educación, en este sentido, consiste en impulsar iniciativas que vayan a contracorriente de las lógicas extractivistas de datos de las empresas *Big Tech* y de la instrumentalización del espacio escolar como un nodo generador de distintos tipos de rendimiento privados.

En este trabajo buscamos plantear el problema de la soberanía digital educativa no solo como una discusión exclusivamente geopolítica, jurídica o técnica, sino también en tanto problema pedagógico que se desarrolla en cuatro dimensiones:

- Soberanía digital de los sistemas educativos como instancia específica de los Estados.

- Soberanía digital educativa en la administración y la organización escolar.
- Soberanía digital pedagógica en la praxis docente del profesorado.
- Soberanía digital educativa en los procesos de construcción de conocimiento.

Consideramos que, con el fin de plantear un horizonte de soberanía digital educativa hacia el cual avanzar, es necesario tener en cuenta que el problema de la soberanía no se circunscribe a la estatalidad, sino que puede pensarse como una articulación de distintas instancias y dimensiones de realización práctica. La soberanía digital, vista de esta forma, no se entiende únicamente como una política del Estado, sino que abarca también la capacidad de autodeterminación y autonomía de los centros escolares y de los propios actores que conforman las comunidades educativas, como se representa en la figura 3.

Figura 3. Gráfico de las cuatro dimensiones de la soberanía digital educativa.

Soberanía de los sistemas educativos en tanto instancia específica del Estado

Se remite a que la dirección de la educación, los sentidos de su realización, sus contenidos, metodologías y rol en la sociedad son producto de procesos deliberativos dentro de las fronteras de cada país y mediante la intervención de diversos colectivos constituyentes, y a que los programas educativos responden a las necesidades situadas de las comunidades educativas y al bien común.

Esta dimensión no responde a una tentación chovinista, sino a la necesidad de construir políticas educativas que se vinculen a las necesidades territoriales y regionales de los países, algo particularmente crucial cuando se trata de Estados pluriétnicos. En este sentido, las autoridades constituidas democráticamente son un polo de soberanía educativa digital.

Si bien el Estado, en tanto condensación de relaciones sociales y articulación de espacios políticos en disputa, no representa inmediatamente los intereses de las mayorías y del bien común, la regulación de su funcionamiento, cuando es mínimamente democrática, permite un juego político a través del cual la voz pública puede hacerse oír, y los proyectos y necesidades educativas de las mayorías pueden ser tomadas en cuenta en el desarrollo del currículo, las formas de administración escolar, la organización y el funcionamiento de los centros, entre otros aspectos.

La recentralidad del Estado no significa la abolición de un diálogo intercultural con tendencias educativas que se desarrollan a escala global, en diversos países o en diferentes regiones, así como con organismos multilaterales que desarrollan investigaciones sobre educación. El conocimiento, la valoración y el debate de las opciones de política educativa que existen en distintas geografías son, de hecho, relevante para la construcción de la soberanía educativa. No obstante, en última instancia, el programa educativo se decide dentro de cada país mediante un proceso participativo que se cristaliza en el espacio estatal, en el cual, desde luego, intervienen actores políticos y comunitarios regionales.

Esta posición busca hacer frente a las distintas formas mediante las cuales la soberanía educativa de los países se ha visto cuestionada por el avance de compañías tecnológicas, una discusión que se consolida a escala global (Williamson y Hogan, 2020). En esta tendencia, la provisión de «soluciones educativas» privadas a Gobiernos de distinto nivel implica también el desarrollo de un programa educativo determinado en el que son las corporaciones tecnológicas quienes alcanzan una mayor relevancia respecto a elementos claves sobre cómo llevar a cabo el proceso educativo, tal como se ha estudiado, entre otros casos, en el del plan educativo nacional mexicano frente a la pandemia de la COVID-19 (Jarquín-Ramírez, 2023).

Soberanía digital educativa en la administración y organización escolar

Este nivel de soberanía recae sobre la decisión de utilizar determinada tecnología digital en la organización de los centros escolares que ayude en los procesos administrativos de las instituciones educativas y responda a un proyecto de distribución de responsabilidades y de creación de objetivos surgido de las propias escuelas, en particular de espacios de interacción y toma de decisiones en los que confluyen profesorado, familias, personal administrativo y estudiantes.

Supone la capacidad de un centro educativo para tomar decisiones autónomas, conscientes y críticas sobre los aspectos tecnológicos que afectan a su gestión, su pedagogía y su comunidad escolar. Implica dejar de ser meros «usuarios pasivos» de soluciones tecnológicas impuestas o estandarizadas para convertirse en «gestores activos» de su propio ecosistema digital. No se trata solo de decidir usar tecnología, sino de determinar cómo, por qué y para qué se usa, y priorizar siempre el proyecto educativo del centro, los principios y valores establecidos por la comunidad y el bien común.

Estos proyectos educativos, al considerar —o no— la adopción de alguna forma de tecnología digital, deben responder a las necesidades específicas del territorio escolar y las prácticas educativas situadas. La adopción y uso, por ejemplo, de sistemas de gestión del aprendizaje (SGA) debe atender necesidades reales y específicas del alumnado y el profesado, y no suponer un elemento que genere problemas al funcionamiento escolar.

Este nivel de soberanía significa que la utilización de insumos tecnológicos no debe derivarse de campañas de presión corporativas sobre los centros educativos. Las corporaciones tecnológicas a menudo buscan aprovechar ciertos requerimientos de origen administrativo en tanto grietas de la operación escolar mediante las cuales introducir agendas privadas en su organización. Pese a que a menudo la oferta tecnológica de estas empresas es inicialmente gratuita, la tendencia es que, en el futuro, represente una forma de dependencia permanente respecto a proveedores tecnológicos privados, una situación que hace mucho más viables y lucrativos la extracción de datos, la vigilancia digital y la contratación de servicios de pago.

Por esto, los centros educativos, en cuya dirección y construcción estratégica intervienen distintos actores, se constituyen como un segundo polo de soberanía educativa digital. Para ello es necesaria una alfabetización digital crítica del equipo directivo, la comunidad educativa y el personal administrativo no solo en el «cómo se usa», sino en el «por qué elegimos esta herramienta» y «qué implicaciones tiene» adoptar soluciones soberanas en tecnología digital.

Soberanía pedagógica en la praxis del profesorado

Este nivel de soberanía se identifica con la capacidad de autodeterminación para elegir los métodos pedagógicos y el abordaje didáctico preferente a partir de un conjunto de situaciones pedagógicas identificadas por el profesorado, tanto de forma conjunta como claustro docente como desde la praxis cotidiana de aula de cada docente.

La utilización y adopción de tecnología digital como un dispositivo, o artefacto, que puede apoyar algún ámbito específico de la práctica de la enseñanza debe surgir de un ejercicio de reflexión *in situ*, en función de las necesidades particulares de cada centro educativo y de cada grupo con el que el profesorado interviene.

De todas formas, la adopción de tecnología digital no debe entenderse como un «imperativo educativo», como si el profesorado que opta por no utilizarla tuviera que dar cuenta o justificar sus decisiones más allá de lo que cualquier docente tiene que justificar o explicar respecto a su labor. Es decir, no se debe considerar que quien ha decidido permanecer «fuera» del mundo tecnológico del capital atenta, prácticamente, contra la modernización o la innovación en educación. Al contrario, la adopción de la tecnología en la educación debe ser fruto de una elección pausada, consciente, deliberada y crítica.

La soberanía digital educativa requiere un profesorado que goce de libertad y capacidad para optar o no por el uso de tecnologías digitales en el aula, a partir del ejercicio de su criterio pedagógico y autonomía profesional, así como de la valoración de las condiciones objetivas del contexto, del terreno pedagógico y de los requerimientos didácticos de su labor profesional.

En definitiva, considerando la figura clásica de Giroux (1988) del profesorado en tanto intelectual de la enseñanza y la educación en general, construir soberanía digital educativa significa consolidar un profesorado que no se convierta en un apéndice de la máquina (o la tecnología en general), sino en un agente crítico y comprometido con una educación digital subordinada al servicio de su actividad educativa, con miras a la transformación social y al bien común de su comunidad.

Soberanía digital en el proceso de construcción de conocimiento

Para alcanzar la soberanía digital educativa resulta también crucial la consolidación de la libertad del alumnado para escoger qué rutas tomar a la hora de construir conocimiento propio y compartirlo con la comunidad. Porque, actualmente, se constata cómo los procesos de producción, circulación y validación del conocimiento están profundamente mediados por infraestructuras digitales controladas, en su mayoría, por grandes corporaciones tecnológicas, lo que genera una dependencia no solo tecnológica, sino también epistemológica.

En este sentido, la dimensión epistemológica resulta fundamental en la lucha por la soberanía. Si bien prácticamente todos los actores educativos construyen conocimiento en las actividades cotidianas de los sistemas educativos, es el alumnado en quien se concentra el rol de producción de saber. Y esta producción debe ser libre en cuanto a los temas por discutir, el abordaje con el que se presentan, y la tecnología utilizada para construirlo. En este contexto, hablar de soberanía digital educativa significa reclamar también el derecho de los estudiantes a participar en la decisión sobre las infraestructuras tecnológicas que se utilizan, los datos que se recopilan y la finalidad de los algoritmos que median el proceso de construcción del saber.

Frente a la lógica FOMO (*fear of missing out*, o «miedo a perderse algo»), con la que se ha difundido la tecnología del capital entre el estudiantado, es importante replantear la posibilidad de construir un conocimiento libre de las coacciones técnicas o tecnológicas de las corporaciones privadas y de algoritmos opacos. Se trata de fomentar la capacidad crítica de los estudiantes, su sensibilidad y acercamiento a la diversidad de ecosistemas sociales y naturales más allá de las pantallas, así como a saberes originarios que descolonicen los flujos digitales del conocimiento, y de garantizar la autonomía desde las epistemologías del Sur, más allá del canon tecnocientífico global del Norte.

Esto implica apostar igualmente por infraestructuras abiertas, interoperables y públicas: *software* libre, repositorios científicos descentralizados y protocolos de gobernanza de datos comunes. Implica también comprometerse con los estudiantes en el movimiento por el conocimiento abierto (*open access*) y los bienes comunes digitales, que constituyen un pilar de la soberanía digital. No se trata solo de liberar contenidos, sino de democratizar los procesos de producción y acceso al saber, desde la investigación hasta la enseñanza. Así, la soberanía digital educativa se convierte en una estrategia política del conocimiento como bien común, y no como mercancía.

Las escuelas y universidades deben ser espacios donde el conocimiento digital no solo se consuma, sino que se produzca y se gobierne colectivamente. Esto implica diseñar pedagogías digitales emancipadoras, centradas en la cooperación, el código abierto y la alfabetización crítica en datos, algoritmos y plataformas (Selwyn, 2022; Williamson y Hogan, 2020). La educación soberana en lo digital no solo enseña a usar tecnología, sino a interrogarla, modificarla y decidir sobre ella.

La soberanía digital educativa en la construcción de conocimiento no es un punto de llegada, sino un proceso de resistencia y reinvención colectiva. Supone repensar el lugar de la ciencia, la educación y la cultura en un mundo gobernado por datos y plataformas. En última instancia, se trata de afirmar que el derecho a conocer y a construir conocimiento es inseparable del derecho a controlar los medios digitales que lo hacen posible.

Las comunidades educativas como poder constituyente

La caracterización de la soberanía digital educativa nos sitúa en un terreno de disputa por el control democrático del ecosistema tecnopedagógico. Sin embargo, para trascender la mera crítica y habilitar una verdadera alternativa, es imprescindible identificar al sujeto político capaz de ejercer dicha soberanía. La soberanía digital educativa debe ser construida y ejercida por las comunidades educativas, entendidas como un poder constituyente.

Frente a un modelo en el que la tecnología es un «poder constituido» *de facto* —es decir, un conjunto de normas, plataformas e infraestructuras impuestas desde instancias externas (corporativas o estatales tecnocráticas)—, el concepto de poder constituyente que planteamos se refiere a la capacidad originaria y legítima de la comunidad para autodeterminarse, generar sus propias normas y crear sus propias instituciones y formas de organización social más allá de los marcos preexistentes del poder constituido. En el contexto de la soberanía digital educativa, pensar las comunidades educativas como poder constituyente significa reconocer su potencial transformador y su legitimidad para redefinir colectivamente el modelo tecnológico, político y pedagógico de la educación en la era digital.

En el contexto digital, esto significa que docentes, estudiantes, familias, colectivos sociales y académicos, y personal no docente dejan de ser usuarios pasivos para erigirse en los autores colectivos de su entorno tecnológico, capaces de instituir nuevas reglas de juego sobre lo digital y con capacidad de crear instituciones del común. Son ellos quienes deben decidir, desde su práctica situada, qué canales digitales utilizan, con qué fines, bajo qué reglas y quién se beneficia. La soberanía, por tanto, no es un estado que se alcanza, sino un proceso de empoderamiento colectivo y constante.

Se han problematizado, desde múltiples ámbitos, distintas rutas hacia la conformación de esquemas institucionales con una mayor soberanía educativa digital. Una de ellas consiste en la utilización de *software* libre, como los sistemas basados en Linux. Guerschberg (2025) plantea que dichos programas pueden promover la soberanía digital educativa en poblaciones vulnerables al disminuir los costes asociados al uso tecnológico, así como al promover una mayor autonomía tecnológica y conciencia crítica entre los miembros de las comunidades educativas. Con la consideración adicional de que estudiantes y profesorado pueden acceder al código de los programas y adaptarlo a partir de los requisitos educativos específicos.

No obstante, consideramos que la soberanía digital no se circunscribe al uso de determinados programas o artefactos tecnológicos menos condicionados por la búsqueda de la ganancia privada, sino que requiere la articulación que hemos planteado. Es decir, un conjunto de condiciones que garanticen: *a)* la toma de decisiones importantes sobre educación dentro de los países mediante procesos democráticos; *b)* la capacidad de los centros escolares para decidir respecto al uso o no de tecnología digital en función de sus necesidades objetivas; *c)* la facultad del profesorado para utilizar en clase tecnología digital a partir de una lectura situada de la realidad educativa, y *d)* la libertad de los estudiantes para utilizar tecnología digital en el proceso de construcción de conocimiento y saberes, más allá de la presión social y el *marketing* que fluyen a través de las redes digitales.

La soberanía digital en educación requiere una participación estratégica de las comunidades educativas, a las que consideramos un poder constituyente, en la búsqueda de cada uno de esos niveles, así como en su articulación.

En la Unión Europea, la discusión sobre la soberanía digital se ha desarrollado mediante dos enfoques distintos. Tal como plantea Cancela (2020, p. 132), el primero de estos enfoques sostiene una política que limita a las firmas estadounidenses y que ha sido tildado de «proteccionista». Por otro lado, existe una orientación «estrictamente liberal» respecto a la regulación de las empresas estadounidenses, que busca fomentar la competencia de la industria europea a escala global. En América Latina, la experiencia brasileña resulta particularmente relevante, con distintos llamamientos a la construcción de una regulación y un andamiaje institucional que proteja los datos de las personas y las capacidades tecnológicas del país. No obstante, las iniciativas de soberanía digital educativa son aún mucho más reducidas.

Aunque la discusión educativa no puede tratarse bajo el prisma del debate comercial, la soberanía educativa en tiempos digitales depende en gran medida de las condiciones objetivas de concepción, diseño, desarrollo, uso, distribución y control de la tecnología digital. De esta forma, impulsar un esquema «nacional» de gobernanza tecnológica puede beneficiar también la consolidación de un proyecto soberano en el ámbito de la digitalización educativa. Algunas iniciativas como X-net, nacida en Barcelona (España), representan una opción para construir soberanía digital educativa. Pero ello sigue siendo insuficiente no solo por su reducido alcance, sino también por la falta de voluntad política para impulsar el proyecto, que fue cercenando en sus inicios. Se necesitan mecanismos de presión que fomenten una mayor inversión en desarrollo tecnológico y en iniciativas de este tipo.

La comunidad como garante del bien común

La dependencia de las grandes tecnológicas no es solo una cuestión técnica o contractual; es una renuncia política a la capacidad de autogobierno. El poder constituyente de la comunidad se manifiesta cuando esta se moviliza para reclamar y construir infraestructuras digitales educativas públicas. No se trata de una demanda pasiva al Estado, sino de una participación activa en el diseño, la gestión y la auditoría de esas infraestructuras. Esto requiere procesos de autogobierno democrático en los que las decisiones sobre las tecnologías, plataformas, datos y políticas digitales se tomen de manera participativa. Las comunidades educativas deben asumir la función de coproductoras del diseño y la gobernanza digital, y definir no solo qué herramientas se utilizan, sino también qué valores, criterios y fines orientan su uso.

La comunidad es la que mejor conoce sus necesidades pedagógicas, sus limitaciones contextuales y sus aspiraciones éticas. Por ello, su voz debe ser la fuerza rectora que guie la «socialización de la nube» y la apuesta por el *software* libre. Es la comunidad, ejerciendo su poder constituyente, la que puede convertir los datos educativos en un bien común gestionado democráticamente. Este proceso es, en esencia, la materialización de un «socialismo digital» democrático, desde abajo. Porque la soberanía digital educativa solo puede consolidarse mediante procesos constituyentes locales y colectivos: asambleas escolares, laboratorios ciudadanos de innovación educativa, cooperativas tecnológicas, redes docentes de *software* libre o proyectos comunitarios de alfabetización digital crítica.

Pedagogía digital crítica como democracia radical del común

Una pedagogía digital crítica no es solo un contenido que se imparte, sino una práctica de autonomía que se vive en el aula y en el centro, en la calle y en la plaza, en todos los espacios públicos. De esta forma, las aulas y los centros, los laboratorios ciudadanos, las redes docentes se convierten en talleres donde se desmontan las «cajas negras» tecnológicas y se cuestionan los fundamentos ideológicos del capitalismo digital. En estos talleres, el profesorado no es un mero transmisor de competencias, sino un facilitador de procesos de concienciación y acción colectiva. Y los estudiantes dejan de ser consumidores de aplicaciones para convertirse en investigadores críticos de su entorno digital, capaces de auditar código, entender los sesgos de los algoritmos y proponer alternativas.

Es una forma de democracia radical del común: una forma de acción política en la que las comunidades no se limitan a exigir derechos, sino que los producen y los ejercen directamente. En este sentido, la soberanía digital educativa no es un fin institucional, sino un proceso permanente de democratización y apropiación popular de la tecnología. Esta práctica pedagógica es «insumisa y desobediente» porque se niega a aceptar la tecnología como un hecho consumado. Al hacerlo, construye soberanía desde el microespacio del taller, formando ciudadanía capaz de ejercer un control democrático sobre su entorno tecnológico. Es la semilla del poder constituyente que, al germinar, desafía el colonialismo tecnológico y defiende la justicia cognitiva.

Esto se aplica también a las normas sobre privacidad, propiedad intelectual y gobernanza de datos. Estas no pueden decretarse únicamente desde despachos ministeriales ni imponerse mediante los términos de servicio de una corporación. Deben ser deliberadas, consensuadas y aprobadas por la propia comunidad. El poder constituyente se ejerce cuando una escuela, un instituto o una facultad discute y establece su propia «Carta de Derechos Digitales», su política de uso de datos y su compromiso con el procomún. ¿Qué datos se pueden recoger de nuestros estudiantes y de nuestra comunidad educativa? ¿Para qué? ¿Quién puede acceder a ellos? ¿Bajo qué licencias publicamos nuestros materiales? Estas preguntas son el centro de una práctica soberana. La comunidad, al responder colectivamente, está ejerciendo su capacidad de darse a sí misma sus propias leyes digitales. Esta autolegislación es la expresión más clara de soberanía: la capacidad de definir el marco ético y jurídico que regula la vida en común, en este caso, la vida digital educativa.

Producir tecnologías locales arraigadas

Además, las comunidades educativas, arraigadas en su territorio y su cultura, poseen un saber situado y diverso. Como redes de inteligencia colectiva, generan saberes, contenidos, metodologías y tecnologías que pueden constituir un nuevo orden cognitivo y pedagógico basado en el principio del bien común. Las experiencias de producción colaborativa de recursos educativos abiertos (REA), los repositorios comunitarios de datos, los proyectos de ciencia ciudadana o las redes de docentes que desarrollan *software* libre para la educación son ejemplos de esta potencia constituyente. Estas prácticas desbordan el modelo tradicional de autoridad epistémica y promueven una redistribución del poder cognitivo, orientada a la justicia digital y a la descolonización del saber.

Ejercer la soberanía significa también activar ese saber para producir tecnologías y contenidos con sentido local y vinculados al entorno. Implica apoyar el desarrollo de *software* educativo por parte de docentes y estudiantes, crear repositorios de recursos educativos abiertos (REA) que reflejen la diversidad cultural y lingüística del contexto, y desafiar la narrativa de que la innovación es sinónimo de adopción de productos globales. La comunidad, como poder constituyente, no solo elige entre opciones dadas, sino que crea nuevas opciones. Es la fuerza capaz de imaginar y materializar futuros tecnológicos alternativos, plurales y emancipadores, en los que la tecnología sirva para fortalecer las identidades locales y no para diluirlas en un mercado global estandarizado.

Laboratorio de emancipación tecnológica y cultural

Reconocer a las comunidades educativas como poder constituyente implica un cambio radical de paradigma. Exige que las políticas públicas dejen de tratar a las escuelas y universidades como meras implementadoras de decisiones tomadas en otra parte, para reconocerlas como los sujetos protagónicos de la transformación digital. El rol del Estado, entonces, ya no es el de un proveedor omnipotente, sino el de un facilitador que destina recursos, elimina obstáculos legales y acompaña procesos de empoderamiento local.

En este marco, la educación deja de ser un espacio de reproducción para convertirse en un laboratorio de emancipación tecnológica y cultural. Las comunidades educativas, al apropiarse críticamente de la tecnología, se transforman en autoras de su propio destino digital. Esa es, precisamente, la esencia del poder constituyente: la creación de nuevas formas de vida, conocimiento y convivencia más allá de los límites del sistema establecido.

No obstante, el poder constituyente de las comunidades educativas necesita mecanismos que instituyan de manera duradera las prácticas y estructuras democráticas que generan. De lo contrario, su fuerza transformadora puede diluirse ante las presiones del mercado y de la burocracia. Esto implica que los sistemas públicos de educación deben reconocer y respaldar el protagonismo de las comunidades como actores legítimos de gobernanza digital, lo que puede concretarse en políticas de apoyo a cooperativas tecnológicas educativas, plataformas públicas de *software* libre gestionadas por redes docentes, programas de soberanía tecnológica local o consorcios interuniversitarios para la creación de nubes educativas públicas.

Autogestión y reapropiación colectiva

Como plantean Laval y Dardot (2015), el instituyente del común no es un poder que se ejerce una sola vez, sino un proceso continuo de autogestión y reapropiación colectiva. La soberanía digital educativa, en este sentido, debe entenderse como una institución viva del común, construida día a día por la acción organizada de comunidades que asumen su papel constituyente frente a la hegemonía tecnocapitalista.

Pensar las comunidades educativas como poder constituyente es, en última instancia, una invitación a democratizar radicalmente la revolución digital. Supone pasar de la lógica del consumo y la dependencia tecnológica a la del control colectivo y la autogestión del conocimiento.

«Asaltar los cielos» digitales, por tanto, no es una tarea para una vanguardia iluminada, sino para una multitud de comunidades educativas que ejercen su poder constituyente. En un mundo en el que la IA y los algoritmos tienden a privatizar la inteligencia colectiva, las comunidades educativas pueden reconfigurar la educación digital como un proceso de creación compartida. Esta reconfiguración no es meramente técnica, sino política: la educación se convierte en el espacio desde el cual repensar la soberanía, el bien común y la democracia en el siglo XXI. Así, las comunidades educativas, cuando ejercen su poder constituyente, no solo defienden la educación pública frente al colonialismo tecnológico, sino que fundan un nuevo contrato social digital en el que la tecnología se pone al servicio de la justicia cognitiva, la cooperación, la democracia y la libertad. Porque es en estos espacios de lo común donde se está decidiendo si la educación del futuro será un apéndice del capitalismo digital o un faro de democracia, crítica y justicia social. La soberanía digital educativa es, en última instancia, el nombre de esa lucha por el derecho a decidir, colectivamente, el futuro que queremos habitar.

Segunda parte

4. Construir soberanía tecnológica desde la educación y las escuelas

Los oligarcas de Silicon Valley están manipulando nuestra atención y abriendo paso en sus redes al tecnofascismo de Trump y de la extrema derecha europea. El poder concentrado en las grandes corporaciones digitales ha convertido la infraestructura tecnológica y digital en un instrumento de influencia política, económica, educativa y cultural. Plataformas dominadas por empresas como Meta, Google, Amazon o Palantir estructuran hoy el espacio público digital, administran la atención y la socialización colectiva y condicionan el debate democrático.

Nos encontramos ante una mutación del capitalismo que diversos autores describen como tecnofeudalismo o capitalismo de plataformas: un modelo basado, como hemos analizado, en la extracción masiva de datos, la precarización laboral y la externalización del riesgo hacia la clase trabajadora. Paralelamente, las redes digitales —antes celebradas como herramientas emancipadoras— operan mediante algoritmos opacos que priorizan la polarización y la viralidad frente a la calidad deliberativa. Figuras empresariales como Elon Musk o Peter Thiel han explicitado además su cercanía a proyectos políticos de corte neofascista, lo que refuerza la percepción de una convergencia entre poder tecnológico y agendas autoritarias.

Ante este escenario, la respuesta —también en educación— ha de articularse en dos ejes estratégicos interrelacionados: la democratización de la gobernanza digital y la soberanía tecnológica. Es decir, redefinir el contrato social digital para subordinar la tecnología a la ciudadanía y garantizar el control público de los medios de producción digital.

Por una gran coalición soberana en educación

La intersección entre educación y tecnología se ha convertido, como hemos visto, en un espacio en el que también se está disputando el futuro de los sistemas educativos. En la era del capitalismo de vigilancia (Zuboff, 2019) y de la inteligencia artificial generativa, la dependencia tecnológica de plataformas y algoritmos privados no es solo una cuestión logística o técnica, sino que constituye una vulnerabilidad social, pedagógica, cultural y política.

Plataformas comerciales, servicios en la nube, herramientas y aplicaciones educativas han ido ocupando funciones esenciales en todos los niveles de los sistemas educativos a nivel mundial (autenticación, almacenamiento de datos, recursos de evaluación, comunicación, etc.) hasta convertirse en auténticas infraestructuras de gobierno escolar a distancia, como hemos analizado en el capítulo 2.

Esa transformación plantea tres problemas interconectados:

- La dependencia tecnológica y la pérdida de control sobre datos y procesos educativos.
- La externalización progresiva de las decisiones curriculares, organizativas y pedagógicas a manos de actores privados ajenos al sistema educativo, cuyas

lógicas de mercado y diseño algorítmico están orientadas al beneficio económico y al impulso ideológico del capitalismo neoliberal.
- La reproducción de asimetrías geopolíticas y epistemológicas en contextos educativos, especialmente en el Sur Global y en el «Sur del Norte».

Por estas razones, la soberanía digital educativa no puede ser una suma de iniciativas aisladas: requiere la articulación de una gran coalición —política, sociotécnica y pedagógica— que combine capacidades regulatorias, inversión en infraestructura pública, formación docente crítica y modelos de *software* y *hardware* abiertos y comunitarios. El concepto de soberanía digital educativa emerge, en este contexto, como un paradigma emancipador y de transformación urgente que trasciende la mera propiedad y gestión de la infraestructura digital y las redes de conexión para abarcar también el control público de los datos, los algoritmos, los contenidos y, fundamentalmente, los fines educativos mismos.

En este sentido, cabe recordar lo que entendemos por soberanía digital educativa: la capacidad de una comunidad educativa (desde el nivel local hasta el estatal e internacional) para decidir, controlar y sostener las tecnologías, datos, políticas y prácticas digitales que median en el proceso de enseñanza y aprendizaje, garantizando la protección de derechos de la comunidad educativa, la gratuidad y la equidad de acceso (pues la educación obligatoria es un derecho humano) y la decisión sobre los fines y usos pedagógicos de la tecnología. Esto implica, como ya hemos sostenido, que los «medios de producción digital» tienen que estar en manos del común, es decir, que tienen que ser de titularidad y gestión pública.

Por ello, esta coalición debe combinar aspectos técnicos (infraestructura, código, interoperabilidad, etc.), normativos (políticas de datos, financiación, titularidad, gestión y control público, etc.) y pedagógicos (currículo, formación docente crítica, etc.). Es un pacto que exige alianzas y voluntad política, porque implica ejercer poder democrático sobre las corporaciones tecnológicas. Avanzar hacia esta «gran coalición soberana» es un llamamiento a la construcción estratégica de autonomía pedagógica, cultural, política y social en un mundo digitalmente asimétrico como el actual.

Supone, en primer lugar, una coalición interinstitucional en la que los ministerios, al menos de Educación, Ciencia y Tecnología, y Economía, de los diferentes países y regiones alineen políticas y presupuestos con una visión de largo plazo. Como señala la UNESCO (2021), la necesidad de marcos de gobernanza digital para la educación que prioricen la equidad, la inclusión y los derechos humanos es más crítica que nunca. En segundo lugar, exige una coalición académico-tecnológica que promueva la colaboración entre universidades y centros de investigación, así como el desarrollo de una industria pública especializada que ofrezca soluciones digitales centradas en lo pedagógico y adaptadas al contexto social y cultural en el que se vayan a implementar. Estas soluciones deben contar con la participación de las comunidades implicadas, en lugar de limitarse a importar y adaptar productos tecnológicos estandarizados. Además, y de manera crucial, requiere una coalición social que incluya al profesorado, al alumnado, a las familias y a las comunidades en el debate sobre qué tecnología queremos y para qué, con el fin de rescatar la educación de la lógica del mercado, del beneficio y la monetización.

Las comunidades educativas (AMPA, sindicatos, asociaciones estudiantiles, etc.) deben formar parte del diseño y control de las tecnologías educativas. Esa coalición requiere mecanismos de participación efectiva: consejos de datos escolares, auditorías ciudadanas, cláusulas de transparencia sobre toda la tecnología y derechos de reversión para infraestructuras críticas. Requiere también currículos de alfabetización digital crítica, así como laboratorios comunitarios que codiseñen herramientas con las escuelas. De hecho, el control y la participación social en las decisiones sobre la implantación y uso de las tecnologías fortalece la equidad y la democracia educativa.

Inversión en infraestructura digital pública y gobernanza democrática

Los organismos internacionales públicos, los Estados y los Gobiernos regionales y locales deben invertir en infraestructura digital pública (servicios de identidad educativa, repositorios abiertos, nubes públicas soberanas, sistemas de gestión de aprendizaje comunitarios) que reduzca la dependencia de proveedores privados y garantice la interoperabilidad y la portabilidad de los datos.

De hecho, las propuestas de organismos internacionales, como la UNESCO (2021), o las experiencias de los Estados (Richter *et al.*, 2025) cada vez inciden más en la relevancia de la infraestructura digital pública como condición de autonomía, bien común y servicio público. La inversión pública debe promover *software* abierto, auditorías de privacidad y transferencia de capacidades a las administraciones educativas locales. Pero, simultáneamente, los Estados deben avanzar hacia un pacto global de renacionalización de los medios de producción digitales, ya que la infraestructura de comunicación digital debería ser declarada y establecida como bien común de utilidad pública sin fines de lucro, como venimos defendiendo junto con otros autores (Klein, 2020).

Una infraestructura digital pública conlleva un cambio de paradigma: considerar que las plataformas, los servicios en la nube y el *software* son bienes y servicios digitales de carácter público que han de diseñarse y desarrollarse de forma abierta (con estándares y especificaciones accesibles para todos), no excluyente (gratuitos y disponibles para cualquier persona, organización o institución) y con gobernanza pública (su desarrollo y evolución responden al interés general, no a intereses comerciales).

Esto significa conceptualizar la infraestructura digital pública no como mercancía, sino como bien común digital, similar a una carretera, al suministro eléctrico o al agua potable. Al igual que estos, se debe garantizar el acceso universal a estas: que toda persona, con independencia de su situación socioeconómica o ubicación geográfica, pueda acceder a servicios digitales esenciales. Al ser transparentes y estar sujetas al escrutinio público, estas infraestructuras pueden diseñarse para ser más justas y no para anteponer el *engagement* o el beneficio económico a los derechos. Además, proporcionan una base común sobre la cual el propio sistema educativo y las comunidades educativas pueden construir propuestas educativas realmente innovadoras sin tener que empezar de cero ni pagar altos costes de acceso, uso y mantenimiento.

Sin una infraestructura digital pública robusta, no puede haber una verdadera soberanía digital ni se podrán garantizar derechos fundamentales en el entorno digital de forma equitativa. La apuesta por estas infraestructuras es, en esencia, una decisión sobre qué modelo de sociedad digital queremos construir: una basada en la extracción de datos y el control corporativo, o una centrada en las personas, los derechos y el interés público.

El desafío es urgente. Las corporaciones han establecido un ecosistema casi omnipresente en las escuelas y las universidades, desde los sistemas operativos y el correo electrónico hasta los paquetes de productividad y las aulas virtuales. Esta presencia, a menudo gratuita en su capa superficial, como hemos visto, tiene un coste oculto: la normalización de entornos cerrados, la extracción de datos (el «nuevo petróleo» del siglo XXI) para modelar comportamientos futuros, y la imposición de una racionalidad instrumental que prioriza la eficiencia sobre la crítica.

Frente a este panorama, la soberanía digital educativa se erige como un proyecto de resistencia y de construcción. No se trata de rechazar la tecnología, insistimos, sino de subordinarla a un proyecto público pedagógico y ético definido democráticamente en función del bien común. En este sentido, la educación puede y debe ser el catalizador de esta lucha, a través de pedagogías descoloniales y una educación crítica que desmitifique el poder tecnológico.

La escuela como catalizador de la lucha por la soberanía tecnológica

Buena parte de la población mundial pasa por la escuela, al menos durante una parte de su vida. Para algunas personas, este es el único contacto que van a tener con la cultura académica, con el conocimiento científico, incluso con la transmisión de unos valores y principios acordados socialmente. Por eso su labor sigue siendo tan importante.

En este sentido, la escuela tiene el potencial histórico de actuar como un espacio de contrapoder y de transformación, de mejora y de propuesta de alternativas. Desde un enfoque de soberanía digital educativa, su rol como elemento catalizador de la transformación social se manifiesta en tres dimensiones principales: como espacio de disputa de sentido a favor del bien común, como nodo de infraestructura digital comunitaria, participativa y democrática, y como agente de formación de ciudadanía digital crítica.

La escuela como espacio de disputa

El aula es un territorio en pugna. Por un lado, el discurso hegemónico de las corporaciones tecnológicas preconiza como adaptación inevitable a la modernidad la subordinación de la educación y los sistemas educativos a los dictámenes de las plataformas y sus dueños. Por otro, desde la lógica de la emancipación y la transformación social, se concibe la tecnología como una herramienta de contrapoder, democracia y construcción de sentido crítico, siempre que esté en manos del común.

Cuando una escuela adopta acríticamente una plataforma corporativa no solo está adoptando una herramienta, sino también un modelo de gestión, la ideología con la que ha sido diseñada, una interfaz que moldea una determinada interacción y unos términos de servicio que ceden la soberanía de los datos a los dueños de esa plataforma. Bajo la apariencia de neutralidad técnica, la escuela acaba participando de un proceso de colonización digital que redefine silenciosamente las prácticas educativas, los vínculos comunitarios y las nociones mismas de autonomía y aprendizaje.

Frente a esto, una escuela que apuesta por la soberanía digital educativa es aquella que problematiza esas adopciones acríticas, asume la tecnología como un campo de disputa política y promueve el uso de tecnologías de código abierto, que no solo evitan la dependencia de un proveedor, sino que permiten la auditoría, modificación y adecuación del *software* al contexto local. En lugar de adaptar sus prácticas a la estructura de las plataformas, cuestiona las infraestructuras que utiliza, interroga los modelos de dependencia tecnológica y fomenta una alfabetización crítica que haga visible el poder inscrito en las herramientas.

La apuesta por tecnologías de código abierto, transparentes y auditables no es únicamente una opción técnica, sino un gesto político y ético. Supone reapropiarse de la infraestructura y de las condiciones de posibilidad del conocimiento. De este modo se generan capacidades locales para modificar, adaptar y mantener las herramientas en función de las necesidades y valores de la comunidad educativa. Al hacerlo, la escuela no solo evita la dependencia de proveedores externos, sino que demuestra en la práctica que existen alternativas viables al oligopolio tecnológico.

Este modelo no concibe la educación digital como una mera capacitación para el uso eficiente de plataformas y aplicaciones privadas, sino como una formación tecnopolítica que dota al alumnado y al profesorado de la comprensión y la agencia necesarias para intervenir en el diseño y la gobernanza de lo digital. La escuela se convierte, así, en espacio de resistencia epistémica, donde la apropiación tecnológica se orienta no a la competitividad individual, sino a la colectivización del conocimiento y la defensa del común.

En definitiva, la soberanía digital educativa no se limita a elegir *software* libre, sino que requiere una pedagogía crítica de lo digital que enseñe a leer el poder inscrito en el código y a producir colectivamente tecnologías públicas al servicio de la justicia social, la autonomía cognitiva y la democracia digital. Solo entonces el aula y los centros pueden dejar de ser macrogranjas extractivistas de datos para convertirse en territorios de reapropiación, crítica y creación común en el espacio digital.

La escuela como nodo de infraestructura comunitaria

La brecha digital no es solo de acceso, sino también de soberanía. Las comunidades marginadas, con escasos recursos y deficiente financiación pública, suelen ser las más dependientes de soluciones corporativas y las más vulnerables a la vigilancia.

Sin embargo, la escuela puede transformarse en un nodo de infraestructura soberana, un espacio tecnológico comunitario y participativo. La soberanía digital educativa no puede entenderse solo como la capacidad pública o comunitaria de proteger datos o desarrollar *software* propio, sino como la posibilidad colectiva de decidir cómo, para qué y bajo qué valores se organizan las infraestructuras digitales. En este sentido, la escuela —como institución pública, comunitaria y territorial— tiene el potencial de convertirse en un nodo de infraestructura digital soberana, es decir, en un espacio tecnológico comunitario y participativo capaz de encarnar una alternativa al modelo extractivista de las grandes plataformas.

Convertir la escuela en un nodo digital soberano implica redefinir su función pedagógica, política y sociocultural. Se trata de reapropiarse del soporte mismo de lo digital. Hoy, gran parte de la comunicación educativa, la gestión administrativa y el aprendizaje en línea se realiza a través de infraestructuras corporativas que operan bajo lógicas de centralización, vigilancia, extractivismo y captura de datos. La educación con soberanía digital, en cambio, se orienta hacia un modelo descentralizado, libre y cooperativo:

un ecosistema tecnológico que no dependa de intereses privados, sino que se rija por principios de bien común, transparencia y control democrático.

Esto implica adoptar soluciones que devuelvan el control a la comunidad escolar: servidores locales o compartidos con otros centros, alternativos a las grandes nubes comerciales; plataformas de gestión de contenidos basadas en *software* libre; sistemas de copias de seguridad y custodia de datos gestionados por consorcios municipales o regionales; bibliotecas digitales abiertas, y espacios de acceso gratuito que funcionen incluso cuando falle la conexión a internet.

En términos prácticos, este enfoque supone relocalizar la tecnología: servidores gestionados por las comunidades educativas; plataformas de aprendizaje basadas en *software* libre; redes internas seguras que promuevan la privacidad y el conocimiento compartido; bases de datos y repositorios que pertenezcan al dominio público y no al capital corporativo. Estas infraestructuras no son solo herramientas técnicas, sino condiciones materiales de autonomía pedagógica y política. Lo que está en juego es quién posee, controla y diseña los entornos en los que se produce y circula el saber, el conocimiento y la ciencia.

Estos sistemas tecnológicos gestionados por la comunidad escolar fortalecen a los actores locales y reducen la dependencia de servicios centralizados en la nube, que suelen estar fuera del alcance jurídico y regulatorio de los Estados. Aumentan la resiliencia frente a cortes de servicio, prácticas extractivas y condiciones contractuales opacas, además de reducir riesgos y mejorar la gobernanza pública de los datos.

Pero aún se puede ir más allá asumiendo una dimensión social y cultural. Al abrir las infraestructuras digitales a la

113

comunidad —familias, asociaciones, colectivos locales—, la escuela puede convertirse también en un laboratorio ciudadano de innovación democrática, donde la tecnología se construya como un bien común. Esto significa que la comunidad educativa y social no solo podrá utilizar herramientas digitales, sino que participará en su gobernanza, mantenimiento y mejora, y desarrollará así una cultura de corresponsabilidad y cuidado digital compartido.

Este modelo reconfigura el rol de la escuela: deja de ser un espacio de consumo de servicios digitales para convertirse en un productor y garante de autonomía. Enseñar, en este contexto, no consiste solo en transmitir competencias digitales, sino en aprender a habitar y a construir infraestructuras propias. Así, la alfabetización tecnológica se convierte en una práctica de soberanía: aprender a programar, administrar un servidor o comprender el funcionamiento de un algoritmo deja de ser una habilidad instrumental para transformarse en un acto político de reapropiación del común.

La escuela actúa entonces como contrapoder epistémico frente a las plataformas corporativas. Allí donde estas imponen una jerarquía de visibilidad y relevancia, la institución educativa puede recuperar la capacidad de decidir qué conocimientos se consideran valiosos y cómo circulan. En ese sentido, no solo distribuye contenidos, sino que reconstruye los marcos de sentido y legitimidad del saber.

En última instancia, transformar la escuela en infraestructura soberana es apostar por una democratización radical del conocimiento y de la tecnología. Significa devolver a la comunidad la capacidad de decidir sobre su entorno digital, de apropiarse de las herramientas digitales que hoy día median su vida cotidiana y de construir, desde abajo, las condiciones materiales de una justicia cognitiva y una solidaridad compartida y conectada.

La escuela como formadora de ciudadanía digital crítica

Una finalidad fundamental de la escuela es formar una ciudadanía comprometida y crítica, que no solo sepa usar la tecnología, sino que comprenda sus implicaciones políticas, económicas y sociales. Esto implica ir más allá de la alfabetización digital funcional tradicional, centrada en las denominadas «competencias digitales», para formarse en una alfabetización digital crítica que analice la ideología y la política de las plataformas y los algoritmos.

El alumnado debe aprender qué son los datos, cómo se recogen, quién los posee y para qué se utilizan. Debe comprender que la tecnología y los algoritmos de persuasión en plataformas educativas o de ocio no son neutrales, sino que están diseñados para maximizar el *engagement*, a menudo a costa de la diversidad de opiniones y del pensamiento crítico. Que las plataformas digitales no están diseñadas para informar ni para conectar, sino más bien para capturar y explotar la atención humana. Que su arquitectura algorítmica premia y promociona de forma sistemática el contenido más visceral, tribal y reduccionista. Que, en este ecosistema, que forma parte del proyecto ideológico vinculado a la cultura de Silicon Valley, como hemos analizado, la complejidad es penalizada y el pensamiento crítico se vuelve invisible o inofensivo.

Se necesita, por lo tanto, una educación tecnopolítica que ayude a comprender que la tecnología no es neutral y que los algoritmos, que dan forma a nuestras interacciones digitales, son, en esencia, dispositivos ideológicos impregnados de los intereses de la tecnooligarquía que los diseña: no son herramientas neutras de ordenación de información, sino estructuras de poder que establecen y reconfiguran lo que es visible, creíble y relevante en la esfera pública.

115

En una era de crisis de la autoridad tradicional, encarnada históricamente por las instituciones familiares, escolares, religiosas, políticas, mediáticas y sociales que establecían el credo colectivo y las creencias básicas, la función dogmática —aquella que impone una verdad incuestionable— ha encontrado su instrumento perfecto en la tecnología digital. Los algoritmos son el nuevo dogma con piel de código: una autoridad que no se personifica en un rostro, sino que se esconde tras la pantalla y actúa como el gran arquitecto de lo real. Su edicto es simple y despótico: lo que su sistema no promociona es condenado a la inexistencia. Son la nueva autoridad epistémica, los cartógrafos de un nuevo mundo que dibujan sus fronteras con la arbitrariedad de un dios tecnocrático y definen lo visible y lo invisible en su frío y calculado beneficio. Lo que no es recomendado simplemente no existe.

Desde una perspectiva de educación tecnopolítica, formar significa comprender que toda tecnología es una decisión política materializada. Los sistemas de recomendación, los mecanismos de viralización o los filtros de atención operan como aparatos de mediación simbólica que modelan la percepción, el afecto y la acción. En ellos se condensan creencias, intereses corporativos y concepciones del mundo. Es así como el algoritmo se convierte en una autoridad incuestionable. No se necesitan púlpitos ni catecismos para adoctrinar. Este adoctrinamiento algorítmico de nuevo cuño renuncia a dictar el pensamiento para secuestrar la realidad misma sobre la que se piensa. El ecosistema digital no dice qué creer, sino qué es lo creíble. El dogma se despoja de sus ropajes autoritarios y se envuelve en la lógica seductora de la personalización y la espontaneidad. Su máxima eficacia reside en su invisibilidad: lo que el algoritmo muestra no se percibe como una versión del mundo, sino como el mundo en sí. La perspectiva dominante se disuelve en el aire digital y se respira como si fuera sentido común, y logra lo que ninguna inquisición clásica consiguió: que el sujeto no sienta que está siendo adoctrinado, sino que simplemente está «encontrando su tribu».

Por tanto, enseñar a «usar bien las redes», a «verificar las fuentes» o a «consumir información de calidad» es un enfoque profundamente ingenuo e insuficiente si no se acompaña de una formación en lectura crítica de las arquitecturas del poder digital. Se requiere ir más allá y formar un pensamiento tecnopolítico capaz de leer entre líneas los sistemas de recomendación, reconocer los patrones de polarización que benefician a las plataformas y deconstruir la arquitectura emocional que explota nuestros sesgos para generar adicción y respuestas viscerales. Este aprendizaje debe desembocar en lo que podríamos llamar una «pedagogía de la disidencia algorítmica». Su objetivo último no es solo alertar sobre los riesgos de manipulación, sino capacitar a la ciudadanía para transformar las propias condiciones de la expresión política digital.

Al hacer visible esta arquitectura de la persuasión, la escuela forma usuarios críticos, capaces de tomar decisiones conscientes y de exigir transparencia y participación democrática en el diseño y el uso de la tecnología. Se trata, por tanto, de pasar de una crítica pasiva a una acción transformadora que capacite para operar las prácticas digitales como formas válidas de resistencia y construcción de sentido. Esto implica crear contranarrativas para subviertan las lógicas de las plataformas y conviertan el espacio digital en un campo de batalla cultural consciente, orientado a desenmascarar la ideología oculta y a fomentar la reconstrucción del «nosotros» comunitario incluso en el territorio aparentemente hostil del código y el algoritmo.

Pedagogías digitales descoloniales

La dependencia tecnológica no es solo económica o política; es también epistémica y colonial. Las herramientas que utilizamos llevan incorporadas visiones del mundo, lenguajes, lógicas y valores que, en el contexto global, son predominantemente anglocéntricos, patriarcales, capitalistas y neoliberales. Hasta la propia UNESCO (2024) ha planteado que la actual digitalización ha profundizado las disparidades Norte-Sur, fomentando un nuevo «colonialismo digital».

Se está produciendo una «reinvención» del neocolonialismo por parte del Norte Global mediante el control de la tecnología del ecosistema digital, que afecta profundamente al Sur Global. Esto no solo implica un poder de monopolio que permite la extracción de datos, sino también el control de las experiencias humanas mediadas por tecnología digital, lo que conduce a un ejercicio de «poder y gobierno a distancia» mediante estrategias de hegemonía tecnológica. Esta agenda encuentra en el Sur Global un campo de trabajo barato, una mina de información *datificable*, un mercado de consumo creciente y una esfera de influencia sumamente atractiva.

Por eso no podemos olvidar ni obviar que el diseño y desarrollo de la tecnología digital encarna un conjunto de sistemas históricos de opresión en los que se deposita la herencia colonial. La concentración tecnológica, el extractivismo y la construcción de relaciones de poder para mantener y favorecer los privilegios de las formas de vida y control occidentales ha construido lo que se denominan «espacios de colonialidad», casos específicos en los que las desigualdades estructurales quedan de manifiesto y muestran así una continuidad estructural con el esquema del colonialismo tradicional.

Un ejemplo de ello son los sesgos algorítmicos recurrentes respecto a determinadas representaciones sociales que a menudo se vinculan con estigmas sociales, condicionados por prejuicios étnicos, de clase o de género. Muestra de ello ha sido, por ejemplo, la producción de imágenes estereotipadas y marcadas ideológicamente, vinculadas a lo que se presenta y representa como un «terrorista», una «persona millonaria» o un «migrante». Esta forma de discriminación racista algorítmica ha abarcado también otros ámbitos, como la identificación de personas negras como potenciales criminales, entre otros casos.

A ello se suma el denominado *ghost work* (Gray y Suri, 2019): miles de trabajadores que llevan a cabo tareas anónimas, repetitivas, de corta duración y precariamente remuneradas que habilitan el funcionamiento de las propias plataformas y la IA, y que permiten dar una falsa apariencia de *automatización* técnica. Así, las *Big Tech* están convirtiendo a los países periféricos, con importantes problemas socioeconómicos, en una gran fuente de mano de obra barata que consolida un modelo de trabajo precario, mal pagado y repetitivo dedicado a moderar, etiquetar y corregir datos, entre otras tareas. Por lo que, la IA no está aliviando el trabajo humano, sino que lo oculta y lo precariza, cuando no lo elimina, como advierten los expertos[9].

Por otra parte, el control de las patentes por parte del Norte Global, así como la capacidad directiva y de propiedad de las grandes empresas tecnológicas respecto a

---

9. «La IA no reemplaza una habilidad específica. Es un sustituto general del trabajo cognitivo. Mejora en todo simultáneamente. Cuando las fábricas se automatizaron, un trabajador despedido pudo capacitarse para trabajar como oficinista. Cuando internet irrumpió en el comercio minorista, los trabajadores se trasladaron a la logística o los servicios. Pero la IA no deja un hueco conveniente para ocupar. Sea cual sea el objetivo de la capacitación, también está mejorando en eso», afirma Shumer (2026), fundador de *start-ups* y CEO de OthersideAI.

la IA, que mantienen en una posición marginal a la gran mayoría de los países del Sur Global, son una muestra de las redes coloniales de antaño.

Como vemos una vez más, se están repitiendo los patrones de la historia colonial con una red global del extractivismo (de recursos, datos, control y poder), responsable además de un considerable daño ambiental con las externalidades que produce y que quiebran aún más el ecosistema planetario[10]. No tanto en el sentido de una nueva historia de extracción y despojo violento, sino a través de la infiltración e imposición neocolonial de las lógicas y la ideología que conlleva la tecnología diseñada por las *Big Tech* del Norte y el saqueo masivo de los datos y la información de las grandes mayorías, particularmente aquellas situadas en el Sur Global.

El actual fenómeno neocolonial en el plano de la economía digital se manifiesta a través de la generalización de estructuras de poder sobre los usuarios, de quienes extraen datos e información sobre sus comportamientos y

---

10. Se estima que la web ocupa la cuarta posición en términos de emisiones anuales de CO2. Unos 500 kg de emisiones por segundo. Fabricar una computadora de 2 kg requiere 800 kg de materias primas. Además, los microchips que alimentan la IA necesitan elementos de tierras raras, que a menudo se extraen de formas destructivas para el medio ambiente. La miniaturización de los dispositivos y la invisibilidad de las infraestructuras utilizadas lleva a subestimar la huella ambiental de las tecnologías digitales. Este fenómeno se amplifica con la disponibilidad generalizada de los servicios en la «nube», lo que hace que la realidad física del uso sea aún más imperceptible. Los centros de datos, los denominados «nanofundios» (traslación del modelo de latifundio al espacio digital), producen residuos eléctricos y electrónicos que a menudo contienen sustancias peligrosas, como mercurio y plomo. Y necesitan mucha energía, que en la mayoría de los lugares sigue proviniendo de la quema de combustibles fósiles, lo que produce gases de efecto invernadero que calientan el planeta. También utilizan agua durante la construcción y, una vez en funcionamiento, para enfriar los componentes eléctricos, en una época de gran estrés hídrico y de desertificación progresiva del planeta. A escala mundial, la infraestructura relacionada con la IA pronto podría consumir seis veces más agua que Dinamarca, mientras que una cuarta parte de la humanidad carece de acceso a agua potable y saneamiento en la actualidad.

se apropian de ellos, al tiempo que se les imponen reglas, algoritmos computacionales, visiones ideológicas inscritas en el diseño de los productos y términos de propiedad intelectual. Todo ello concentra el conocimiento y los datos en empresas del Norte Global.

A lo que hay que añadir que las redes de producción, distribución y uso de la tecnología digital, así como los flujos de materias primas para la fabricación de la infraestructura necesaria para su funcionamiento, están condicionadas por una división internacional del trabajo en la que es posible encontrar elementos herederos del colonialismo histórico, además de dos características fundamentales de la producción capitalista: el expolio de la naturaleza y la explotación del trabajo. Ciertamente, las materias primas y las tierras raras con las que se fabrica la tecnología se extraen regularmente de zonas del Sur Global habitadas por pueblos indígenas, cuyas tierras resultan contaminadas y cuyas comunidades se ven afectadas y desplazadas sin recibir siquiera beneficios materiales, culturales o políticos. Además, todo este ecosistema digital es alimentado y entrenado con trabajo barato, precario y explotado de países del Sur Global.

De esta forma se profundiza una organización del sistema mundial capitalista en el que los países periféricos ven consolidados sus lazos de dependencia en la infraestructura clave de la tecnología digital, lo que puede observarse tanto en la producción de *hardware* y *software* como en los servicios de conectividad o de nube.

En educación, el *colonialismo de datos* se ha expandido a medida que la digitalización educativa se ha consolidado y la presencia de la IA se ha regulado paulatinamente (Holmes y Tuomi, 2022). La adopción de tecnología digital producida en el Norte Global ha conducido a distintas lógicas vinculadas

121

al epistemicidio, en gran medida alentado por la reproducción de una visión eurocéntrica-universalista que considera que las prácticas educativas generadas en Occidente pueden operar en todas partes. Ello oculta e ignora concepciones epistemológicas y enfoques propios del Sur Global, al que se le imponen la visión hegemónica y las prácticas educativas diseñadas por las corporaciones digitales del Norte Global.

Esto conduce a una imposibilidad de agencia educativa digital en el Sur Global, así como en el «Sur del Norte», y a su integración en una construcción sociotécnica que conlleva asumir el orden establecido del capitalismo digital, diseñado por el Norte Global, y una jerarquía previamente definida por quienes controlan y diseñan la tecnología en su producción, desarrollo e implementación. Todo ello implica concebir a las comunidades educativas y al profesorado como objetos de aplicación de una supuesta «intervención-modernización» al dictado de agencias externas privadas del capitalismo global, y no como agentes autónomos con capacidad de construir conocimiento propio, situado, contextualizado y no mercantilizable.

Las pedagogías digitales descoloniales surgen para contestar esta hegemonía y proponen una reapropiación crítica de la tecnología que ponga en el centro los saberes locales, las lenguas originarias y las cosmovisiones subalternizadas. Buscan descentrar epistemologías, tecnologías y prácticas derivadas del Norte Global y de modelos mercantiles que naturalizan ciertas formas de producción de conocimiento y de uso tecnológico e ideológico y político. Estas pedagogías no se limitan a añadir contenidos diversos; reconfiguran las relaciones entre saberes, tecnología y poder.

La narrativa hegemónica presenta la tecnología como universal y neutral, un simple instrumento que puede aplicarse de la misma manera en cualquier contexto. Las pedagogías descoloniales desmantelan este mito al cuestionar la «matrix colonial del poder» incrustada en los sistemas tecnológicos. En la práctica, esto significa aplicar una serie de principios de una pedagogía digital descolonial crítica (figura 4):

Figura 4. Principios de la pedagogía digital descolonial crítica.

- Contextualizar la tecnología digital: enseñar que la tecnología no surgió de un vacío, sino de un contexto histórico, cultural y económico específico —el capitalismo— y que conlleva una ideología y una visión política ligada a ese contexto (la doctrina de Silicon Valley, como hemos analizado, y su *ethos* de «disrupción» y capitalismo de vigilancia).

- Pluralidad epistemológica y justicia cognitiva digital: reconocer, legitimar y promover la igualdad entre los saberes locales y comunitarios en entornos digitales (multilingüismo, pedagogías indígenas, prácticas comunitarias), con el fin de contrarrestar la injusticia epistémica que margina, minimiza o destruye conocimientos que no provienen del modelo dominante de pensamiento.

- Autonomía técnica y cultural: favorecer herramientas tecnológicas que permitan la adaptación local —no solo la traducción—de interfaces, flujos y lógicas algorítmicas.

- Justicia distributiva: reparar las brechas materiales y de acceso, y priorizar recursos públicos que beneficien a estudiantes marginados, cuyas voces y necesidades no se tienen en cuenta en el discurso dominante del mundo digital.

- Promover la diversidad epistémica y lingüística: las plataformas educativas hegemónicas están diseñadas principalmente en inglés y reflejan una ontología individualista, competitiva y meritocrática. Es necesario el desarrollo y el uso de *software* en lenguas originarias, puesto que una soberanía digital genuina debe ser multicultural y multilingüe, con diseños que reflejen modos de relación y conocimiento colectivos. Se necesitan currículos plurilingües y pluriculturales apoyados por tecnologías que permitan la edición, la adaptación y el control local de los contenidos.

- Bibliotecas digitales descoloniales: creación de repositorios digitales de conocimientos indígenas y saberes locales, con protocolos de acceso y uso definidos por las propias comunidades, que resistan la lógica extractivista de los datos. Espacios en los que estudiantes y vecinos documenten, digitalicen y gestionen el patrimonio local con herramientas que respeten derechos y formatos abiertos.

- Visibilizar alternativas: estudiar historias no occidentales de la tecnología y la computación, así como proyectos tecnocomunitarios actuales que emergen desde el Sur Global.

Esta pedagogía digital descolonial no es solo teoría, sino que implica una práctica concreta. Supone que el alumnado no solo consuma tecnología, sino que se apropie de las herramientas existentes para adaptarlas a sus necesidades, que las utilice para resolver problemas locales o que participe en proyectos con objetivos sociales vinculados a sus comunidades. Estas prácticas, cuando están guiadas por una conciencia crítica, son actos de descolonización, porque devuelven a la comunidad la capacidad de dar forma a su propio entorno tecnológico.

Un ejemplo concreto de este enfoque es el concepto de ayni digital o tecnología de reciprocidad (Robledo, 2020), propuesto por diversas comunidades andinas, que busca aplicar principios de reciprocidad y complementariedad al diseño de sistemas tecnológicos, en contraste con la lógica extractivista dominante. O también la propuesta de realizar proyectos de ciencia ciudadana en los que el alumnado recoja y analice, desde su propia perspectiva, datos sobre problemáticas de su comunidad, y pase así de ser objeto de la medición a sujeto de la indagación. La escuela es el espacio ideal para experimentar con estas alternativas, crear contenidos y utilizar herramientas que reflejen la riqueza epistémica de su territorio.

Educación crítica en tecnología y desmitificación tecnológica

El núcleo de la soberanía digital educativa reside en la capacidad de las comunidades de «ver a través» de la tecnología, de desnaturalizarla y comprenderla como un producto social, vinculado al contexto y a la ideología con la que se diseñó, con intenciones, sesgos y consecuencias. Este enfoque no pretende rechazar la tecnología, sino comprenderla como artefacto sociotécnico: producto de decisiones humanas e institucionales, susceptible de ser analizado, rediseñado y gobernado democráticamente.

Por eso, la educación crítica en tecnología —una educación tecnopolítica— emerge como el antídoto indispensable contra el determinismo tecnológico —la creencia de que la tecnología es una fuerza autónoma e inevitable cuyo desarrollo sigue una trayectoria natural y neutral— y la alienación que produce el uso acrítico de las herramientas digitales. Su objetivo es la «desmitificación tecnológica»: el proceso de desvelar los intereses, valores, sesgos y relaciones de poder incrustados en los artefactos, sistemas y algoritmos, y transformarlos de objetos opacos e inescrutables en construcciones sociales susceptibles de análisis, debate y transformación.

La desmitificación se sustenta en varios principios pedagógicos clave que buscan desmontar la «caja negra» tecnológica:

- La tecnología no es neutral, es política: un *smartphone*, un algoritmo de recomendación o una red social no son meras herramientas inertes. Los artefactos tienen política. Están diseñados con una intencionalidad, reflejan los valores de sus creadores y predisponen ciertos usos y relaciones sociales. Una educación crítica enseña a los estudiantes a preguntar: ¿quién lo diseñó y con qué fin? ¿Para maximizar el beneficio, para facilitar la vigilancia, para fortalecer a la comunidad? ¿Qué valores promueve su diseño? ¿La competencia individual frente a la colaboración? ¿La sobreestimulación frente a la reflexión profunda? ¿A quién beneficia y a quién perjudica?

- El determinismo tecnológico como narrativa hegemónica: la narrativa dominante, impulsada por las corporaciones tecnológicas y gran parte de los medios, presenta cada nuevo avance (metaverso, IA generativa) como un paso inevitable en el «progreso». Esta narrativa desarma la capacidad de agencia social, sugiriendo que solo podemos adaptarnos, no decidir. La educación crítica contrarresta esto dotando a la tecnología de «historia» y contexto. Muestra que en cada punto de desarrollo existieron alternativas y luchas de poder. Enseñar la historia de internet, por ejemplo, revela la pugna entre su *ethos* abierto y descentralizado original y las fuerzas de la comercialización y centralización que han dado lugar al oligopolio actual.

- La alfabetización crítica en datos y algoritmos: ir más allá de la alfabetización digital funcional («saber usar una hoja de cálculo») hacia una comprensión crítica de los sistemas de datos y algoritmos que gobiernan la experiencia digital. ¿Qué son los datos? Enseñar que los datos no son un recurso natural que se «extrae», sino una construcción y una traducción de la vida humana a *bits* cuantificables. Cada «me gusta», cada búsqueda, cada ubicación GPS es un dato que, en conjunto, forma un «doble de datos» del individuo. ¿Cómo funcionan los algoritmos? Se puede utilizar la analogía de una receta: un algoritmo es un conjunto de instrucciones para resolver un problema. La crítica no está en las instrucciones en sí, sino en los datos con los que se entrena y en la definición del problema que se debe resolver. Si un algoritmo de reconocimiento facial se entrena principalmente con caras blancas, «resolverá el problema» del reconocimiento de forma discriminatoria para las personas de color. Esto visibiliza el sesgo algorítmico no como un error técnico, sino como un reflejo del diseño basado en los prejuicios ideológicos de sus creadores.

El sujeto digital contemporáneo necesita «leer» los códigos y las plataformas no solo en su funcionamiento, sino también en sus intereses, sesgos y efectos sobre la ciudadanía y la identidad. Esta alfabetización implica tres dimensiones complementarias e interrelacionadas, como se representa en la figura 5:

- Comprensión técnica: saber cómo funcionan los sistemas (algoritmos, datos, redes).
- Conciencia política: reconocer las estructuras de poder que gobiernan su diseño y su uso.
- Capacidad transformadora: actuar sobre las tecnologías, no solo reaccionar ante ellas.

Frente a la figura del «usuario» pasivo y consumidor, la educación crítica promueve la del *hacker* en su sentido original y positivo: el curioso que explora sistemas, com-

Figura 5. Dimensiones interrelacionadas de la alfabetización digital crítica.

prende su lógica interna y los modifica para expandir sus posibilidades y arreglar lo que está roto. Esta es la misión de una educación crítica en tecnología, lo que no requiere convertirse en programador, sino comprender conceptos básicos, como, por ejemplo:

- Sesgo algorítmico: cómo los conjuntos de datos con los que se entrena una IA pueden reproducir y amplificar discriminaciones raciales, de género o de clase. Comprender este mecanismo resulta crucial para demostrar que la tecnología no es «objetiva» ni neutral.
- Cuantificación de métricas: cómo las plataformas educativas priorizan métricas cuantitativas (tiempo en pantalla, número de clics) sobre procesos cualitativos de aprendizaje profundo y reflexivo.
- Economía de la atención: cómo el diseño de las interfaces (notificaciones, *scroll* infinito) está minucio-

samente calculado para captar y retener la atención, y competir de este modo con el espacio, el tiempo y el reposo mental necesarios para el aprendizaje.

Aunque algunos organismos internacionales han comenzado a incluir la alfabetización crítica digital dentro de los marcos de competencia docente, subrayando la necesidad de formar profesorado capaz de contextualizar y cuestionar las lógicas de poder de las plataformas educativas comerciales, la mayoría de la formación del profesorado sigue centrada en habilidades operativas (ofimática, programación básica, uso de plataformas) y deja fuera los aspectos de poder, ideología y control de datos.

Uno de los principales obstáculos para la soberanía digital educativa es la ideología de la inevitabilidad tecnológica: la idea de que toda innovación digital es intrínsecamente positiva, lineal y necesaria. Esta visión reduce la agencia de las comunidades educativas y despolitiza el debate sobre qué tipo de digitalización queremos y con qué fines. En el ámbito escolar, esta ideología se traduce en la adopción acrítica de plataformas de grandes corporaciones (Google Workspace for Education, Microsoft 365, entre otras), sin analizar sus condiciones de uso, propiedad de datos ni efectos en la autonomía docente.

Pacto global por la soberanía digital educativa

La construcción de una soberanía digital educativa es uno de los desafíos civilizatorios más importantes de nuestro tiempo. No es solo un problema técnico, sino profundamente político y pedagógico, que exige la formación de una ciudadanía y unas comunidades capaces de gobernar las tecnologías que atraviesan sus vidas.

De nada sirve migrar a plataformas de código abierto si el profesorado y el alumnado siguen percibiéndolas como meras réplicas deficientes de las corporativas. La verdadera soberanía comienza en la mente, con la capacidad de desnaturalizar el entorno digital, de preguntar «¿por qué es así?» y «¿podría ser de otra manera?». Al equipar a las nuevas generaciones con esta lente crítica, no solo estamos formando usuarios más seguros e informados; estamos cultivando los futuros diseñadores, reguladores y ciudadanos que podrán asegurar que la tecnología del mañana esté al servicio de la humanidad y la justicia social, y no a la inversa.

Como se ha argumentado, la escuela es el campo de batalla y el laboratorio idóneo para esta transformación. Como agente catalizador, puede demostrar que otras tecnologías son posibles, basadas en el *software* libre, la infraestructura comunitaria y la formación de una ciudadanía crítica. A través de pedagogías descoloniales, puede desmontar el universalismo tecnológico hegemónico y fertilizar el ecosistema digital con la diversidad epistémica y lingüística de nuestros pueblos. Y mediante una educación crítica en tecnología, puede desmitificar los aparatos tecnológicos, revelar sus sesgos e intenciones y capacitar a las nuevas generaciones para que no sean siervas de la tecnología, sino sus diseñadoras soberanas.

Esto requiere una gran coalición —Gobiernos, escuelas, universidades, movimientos sociales y comunidades técnicas— para invertir en infraestructura pública, transformar prácticas pedagógicas y desarrollar saberes críticos y descoloniales. La escuela puede y debe convertirse en catalizadora de este proceso: no como receptora pasiva

de soluciones, sino como espacio de coproducción tecnológica, cultural y política. La combinación de políticas públicas (infraestructura abierta), pedagogías descoloniales
(revalorización de saberes locales) y educación crítica en
tecnología (desmitificación y capacidad de gobernanza)
constituye la vía más prometedora para que las futuras
generaciones no hereden una dependencia tecnológica
irresoluble, sino herramientas y capacidades para la autonomía democrática.

La «gran coalición soberana» es, en última instancia,
un pacto por el futuro. Es la decisión de que la educación
del siglo XXI no esté determinada por los intereses comerciales de unas pocas corporaciones, sino por un proyecto
democrático, justo y emancipador, definido desde y para
las aulas de todos los contextos que hoy luchan por su
autonomía en el ciberespacio. El camino es arduo, pero la
alternativa —la renuncia a nuestra capacidad de decidir
cómo y para qué educamos— es simplemente inaceptable.

5. Soberanía tecnológica en educación

En la era digital, el debate educativo ha girado en torno a la brecha digital, entendida principalmente como la falta de acceso a dispositivos y conectividad. Sin embargo, superar esta visión reduccionista es el primer paso para comprender un desafío más profundo y estructural: la pérdida de soberanía sobre los procesos educativos mismos. La caracterización de la soberanía digital educativa que hemos presentado nos sitúa en un terreno radicalmente diferente. No se trata de cuántos ordenadores hay en un aula o si la escuela tiene fibra óptica o usa la última versión de la IA; se trata de quién diseña el ecosistema digital y decide qué programas, plataformas y *software* se utilizan, con qué planteamientos ideológicos, epistemológicos y éticos y con qué fines pedagógicos se construye, bajo qué reglas algorítmicas, políticas y ética se definen y quién se beneficia de los datos generados por los estudiantes, los docentes y la comunidad educativa.

Por lo tanto, la soberanía digital educativa emerge como una cuestión central en el debate contemporáneo sobre el futuro de la educación pública, en un contexto global dominado por la expansión del capitalismo digital y la concentración del poder tecnológico en manos de grandes corporaciones privadas. Define la capacidad de una comunidad social y educativa —y por extensión, de un país— para ejercer un control democrático y autónomo sobre el conjunto del ecosistema tecnopedagógico. En este sentido, la soberanía digital educativa constituye la condición necesaria para preservar la educación como un espacio público orientado a la formación ciudadana, el pensamiento crítico y la justicia social, frente a las lógicas mercantilizadoras y al control propietario de los monopolios tecnológicos que amenazan con convertir la enseñanza en un campo de extracción de datos y beneficios privados.

Desarrollamos a continuación las principales dimensiones de dicha soberanía —política, tecnológica, epistemológica y pedagógica— y proponemos una lectura crítica que sitúe la tecnología digital al servicio del bien común y la democracia educativa.

Control democrático y tutela pública de los medios de producción digital

La soberanía digital educativa plantea una disputa directa por el control de los «medios de producción digital». De hecho, supone cuestionar el dominio de las corporaciones tecnológicas —las *Big Tech*— sobre la infraestructura educativa digital global. Plataformas como Google for Education, Microsoft Teams o Blackboard controlan hoy buena parte de los entornos de aprendizaje, los flujos de datos y los algoritmos que median las relaciones pedagógicas. Esta concentración genera una dependencia estructural de los sistemas públicos respecto a intereses privados que responden a lógicas de lucro y vigilancia, no al bien común.

Cuando las escuelas y universidades delegan sus plataformas de gestión, sus entornos virtuales de aprendizaje, sus sistemas de comunicación y sus herramientas de oficina en soluciones privativas y cerradas (como las ofrecidas por Google, Microsoft o Amazon), entregan algo más que una simple herramienta: ceden la gobernanza de su espacio educativo, lo que supone una pérdida radical de control efectivo sobre sus datos y su entorno tecnológico. Los datos de aprendizaje, los perfiles de los estudiantes, las interacciones pedagógicas y la propiedad intelectual docente se convierten en materia prima para algoritmos cuyo funcionamiento es opaco y cuyos fines últimos —la optimización publicitaria, el entrenamiento de modelos de IA propietarios— rara vez se alinean con los fines educativos públicos. La lógica extractivista del capitalismo de plataformas coloniza así la escuela y la universidad, y transforma a la ciudadanía en formación y a las comunidades educativas en productos datificables.

La soberanía digital educativa, por tanto, demanda políticas públicas que desarrollen redes, servidores y plataformas de titularidad y gestión pública, que recuperen la autonomía institucional y la capacidad de decisión sobre la infraestructura digital. No se trata de un mero cambio de proveedor, sino de un acto de reapropiación democrática. Implica invertir en infraestructuras locales y nubes públicas gestionadas por entes democráticos, nacionalizar aquellas que son privadas y ponerlas al servicio del bien común e impulsar paralelamente marcos normativos que garanticen la transparencia, la protección de datos y la auditoría pública de los sistemas algorítmicos (Fuchs, 2020). Solo a través de la intervención del Estado y de la cooperación entre comunidades educativas y Gobiernos locales puede garantizarse una gestión digital orientada al interés común, en la que los bienes digitales esenciales, como la inteligencia artificial entrenada con datos generados por la humanidad, sean de propiedad pública y se gestionen con fines de utilidad común.

Infraestructuras públicas y *software* libre

La soberanía digital educativa no puede alcanzarse sin la construcción de una infraestructura tecnológica pública, abierta y auditable. La dependencia tecnológica de los grandes conglomerados corporativos constituye una forma contemporánea de colonialismo digital que subordina la autonomía educativa a los intereses de actores privados globales.

Frente a ello, la apuesta por el *software* libre, las tecnologías abiertas y las soluciones interoperables constituye una alternativa estratégica. Estos recursos permiten adaptar los sistemas a las necesidades locales, reducen los costes de licencia, favorecen la transparencia y promueven la colaboración entre instituciones (Morozov, 2018). Sin embargo, no basta con incorporar *software* libre si la infraestructura —los servidores, las redes o la nube— sigue siendo privada. Como planteamos, se trata de «socializar la nube» y avanzar hacia una verdadera «socialización de los datos» como bien público.

En esta perspectiva, la soberanía tecnológica implica también la renacionalización o «re-pública» de los sectores estratégicos de la digitalización —incluyendo la educación—, mediante una política de inversión pública sostenida y una gobernanza cooperativa y democrática. Tal enfoque coincide con las propuestas de Mason (2016) y Klein (2020), quienes abogan por un socialismo digital que coloque los medios de producción informacional bajo control público y democrático.

La educación pública, por tanto, debería ser punta de lanza de un nuevo modelo de soberanía tecnológica que genere ecosistemas digitales propios capaces de responder a valores de justicia, equidad y sostenibilidad social.

Justicia cognitiva y descolonización del saber digital

El dominio tecnológico es inseparable del dominio episte-mológico, como hemos visto. La soberanía digital educativa también se define por la capacidad de las comunidades educativas para producir, gestionar y compartir conoci-miento desde marcos propios, plurales y descolonizados, que tengan en cuenta los saberes ancestrales, los conoci-mientos periféricos, las visiones habitualmente marginadas y la historia no contada. Esto implica incorporar un currí-culo contrahegemónico también en el ámbito digital y en la construcción de los marcos epistemológicos del saber que circula en los entornos digitales.

El concepto de «colonialismo tecnológico» (Aparici *et al.*, 2024) se refiere a la dominación cultural, económica y política ejercida a través de la tecnología, mediante la cual países o corporaciones poderosas no solo imponen sus sistemas, plataformas y modelos digitales sobre otros, perpetuando relaciones de dependencia y desigualdad, sino también formas de pensar y de representar el mun-do. Los algoritmos, las plataformas de aprendizaje y los sistemas de recomendación suelen imponer una forma determinada de pensar, de organizar la información y de interactuar que refleja los valores y las lógicas de sus crea-dores: el denominado «pensamiento único», la lógica del capitalismo neoliberal. Con ello contribuyen a configurar modos de conocimiento, de ciencia, de educación e inves-tigación que reproducen sesgos culturales, epistemológicos y lingüísticos del Norte Global. Esto supone una amenaza para la diversidad cognitiva y cultural.

La soberanía digital educativa, desde una perspectiva des-colonial, exige preguntarse críticamente: ¿qué conocimientos se ven privilegiados en estas plataformas? ¿Qué lenguas, qué narrativas, qué formas de aprendizaje son marginadas? ¿A qué futuro homogéneo y deslocalizado nos conducen? En este sentido, la soberanía digital educativa debe articularse como una política de justicia cognitiva —el derecho de diferentes sistemas de conocimiento a coexistir y dialogar— orientada a democratizar la producción de saberes, reconocer la diversidad epistemológica y resistir la homogeneización cultural impuesta por el capitalismo colonial digital.

Esta dimensión implica repensar los contenidos, los lenguajes y las arquitecturas de la educación digital, así como promover la creación de repositorios abiertos, recursos educativos libres (REA) y redes de conocimiento comunitario. Los contenidos educativos en línea, por ejemplo, suelen estar dominados por perspectivas occidentales, que marginan saberes indígenas, locales o no hegemónicos. Construir soberanía en esta dimensión significa fomentar el desarrollo de tecnologías situadas, diseñadas desde y para contextos educativos específicos, que respeten y potencien sus singularidades culturales. Supone apoyar proyectos de *software* libre desarrollados localmente, impulsar lenguajes de programación e interfaces que reflejen la diversidad lingüística, y cuestionar la idea de que la innovación solo puede venir de los grandes conglomerados tecnológicos. Significa, en definitiva, recuperar la capacidad de imaginar y construir futuros tecnológicos propios, plurales y arraigados en las necesidades de las comunidades.

La defensa del acceso libre y abierto a la ciencia, la cultura y la información constituye un pilar de esta soberanía. Pero más allá del acceso, se requiere garantizar la capacidad colectiva de interpretación y apropiación crítica del conocimiento, como parte del derecho a pensar y crear en libertad, también en la esfera digital.

Hacia una pedagogía digital crítica y radical

La soberanía digital educativa no puede comprenderse sin una dimensión pedagógica transformadora. Frente a una educación digital centrada en competencias técnicas —saber usar herramientas o programar—, se necesita una formación docente que aborde por qué y para qué se usa la tecnología.

La educación debe ser capaz de analizar las ideologías, los intereses y los valores incorporados en el diseño y la implementación de las tecnologías digitales. Por eso, esta pedagogía digital crítica y radical promueve la reflexión sobre el papel de la tecnología en la configuración de subjetividades y estructuras sociales. Supone recuperar la educación comprometida y transformadora como práctica de libertad (Freire, 1970), orientada a la emancipación frente al control y la vigilancia digital que nos depara el actual capitalismo de la vigilancia. Formar al profesorado en pensamiento crítico tecnológico es una tarea estratégica: no basta con enseñar a usar la IA o las redes, sino que es necesario comprender los regímenes de poder que las sostienen y diseñar alternativas pedagógicas colectivas, éticas y emancipadoras. Aprender a manejar una plataforma o una herramienta de IA sin entender sus condicionantes políticos, económicos e ideológicos es una forma de alfabetización mutilada que perpetúa la dependencia.

La pedagogía digital crítica, radical y comprometida, debe integrarse en la formación inicial y permanente del profesorado y crear espacios de discusión y debate para entender por qué y para qué se usa la tecnología. Debe desvelar los intereses, las ideologías y la doctrina libertariana de Silicon Valley que subyace al diseño de gran parte de la tecnología que usamos, y a la vez formar en alternativas del bien común.

Se trata, por una parte, de desnaturalizar lo digital privativo, de mostrar que las herramientas no son neutras, sino que encarnan visiones del mundo, relaciones de poder y modelos de sociedad y, por otra parte, de formar en una cultura de colaboración y compromiso en la defensa del bien común digital. Esta pedagogía capacita al profesorado para que no sea mero operario de plataformas ajenas, sino diseñador crítico de experiencias de aprendizaje que utilicen la tecnología con fines emancipadores: fomentar el pensamiento complejo, la colaboración horizontal, el acceso al procomún de conocimiento y la construcción de alternativas democráticas desde lo local.

Una pedagogía crítica de este tipo es inherentemente anticapitalista y descolonial. Es anticapitalista porque cuestiona la mercantilización del conocimiento y la conversión de la educación en un mercado de datos y contenidos. Es descolonial porque se rebela contra el «colonialismo tecnológico» que impone soluciones, estándares y epistemologías de centros de poder global sobre realidades educativas locales diversas, ignorando la justicia cognitiva.

Bien común digital y defensa del procomún

Finalmente, la soberanía digital educativa solo puede sostenerse si se entiende como un bien común. En el capitalismo digital, los datos son el «nuevo petróleo» del siglo XXI. Los datos, la inteligencia artificial y las infraestructuras digitales son hoy elementos tan esenciales para la vida como el agua o la energía. En educación, este «petróleo» está compuesto por el conocimiento intelectual y la relación emocional de las comunidades educativas, sus procesos de pensamiento, sus errores y sus aciertos. La soberanía digital educativa implica arrebatar este recurso de las manos de las corporaciones y redefinirlo como un bien común cuya gestión debe ser democrática y transparente. Por ello, los datos y las infraestructuras digitales deberían considerarse bienes públicos, no mercancías (Klein, 2020).

Defender la soberanía digital educativa como bien común implica reconocer el derecho colectivo a controlar, usar y compartir los recursos digitales en beneficio de la sociedad. Significa construir modelos de gobernanza cooperativa, basados en el principio de solidaridad y en la participación ciudadana. Las comunidades educativas deben tener la capacidad de decidir qué datos se recogen, con qué finalidad pedagógica y durante cuánto tiempo se almacenan. Es una cuestión de derechos digitales y de autonomía institucional. La educación tiene un papel decisivo en esta tarea: formar sujetos capaces de imaginar y construir futuros digitales justos, democráticos y sostenibles.

Paralelamente, esta dimensión aboga por la defensa del «procomún digital». Frente a la imposición de un derecho de propiedad intelectual restrictivo, la soberanía digital educativa promueve el acceso libre y abierto a la información, la ciencia, la cultura y el *software*. Prioriza el uso de recursos educativos abiertos (REA), licencias Creative Commons y herramientas libres, entendiendo que el conocimiento se fortalece cuando se comparte y se reelabora colectivamente. Es una lucha por extender el dominio público y garantizar que la tecnología educativa no sea un instrumento para cercar el conocimiento, sino para liberarlo.

Esta socialización de los medios digitales —su gestión comunitaria y pública— es condición para que la tecnología deje de ser un instrumento de control y se convierta en una herramienta de emancipación. Ello exige una ética del cuidado digital, que priorice la equidad, la sostenibilidad y la justicia frente al lucro y la privatización.

La soberanía digital educativa, por tanto, es una cuestión política, tecnológica, epistemológica, pedagógica y ética. Estos no son compartimentos estancos, sino facetas interconectadas de un mismo proyecto político-pedagógico. La lucha por una nube educativa pública (dimensión infraestructural) es inseparable de la formación de un profesorado crítico (dimensión pedagógica), de la defensa de los datos como bien común (dimensión ética) y de la descolonización del conocimiento (dimensión epistemológica).

No se limita a gestionar la digitalización educativa, sino que redefine las condiciones mismas de posibilidad de la educación democrática en la era digital. Supone disputar el sentido y el control de las infraestructuras, los datos y los saberes, frente a la hegemonía del capitalismo tecnocultural.

En un contexto en el que los gigantes tecnológicos despliegan aún más control sobre el conocimiento, defender la soberanía digital educativa significa reapropiar los medios digitales para ponerlos al servicio del bien común. Requiere construir una educación digital pública, crítica y emancipadora, que garantice la autonomía colectiva y el derecho a la autodeterminación tecnológica.

En definitiva, la soberanía digital educativa no es una opción técnica, sino una condición de posibilidad para mantener vivos la democracia, la educación y el pensamiento crítico en el siglo xxi.

El camino no es fácil. Exige «asaltar los cielos digitales» con políticas públicas valientes que inviertan en infraestructuras públicas, promuevan el *software* libre y avancen hacia la renacionalización de los sectores estratégicos de la digitalización. Pero, sobre todo, exige un cambio de mentalidad: entender que la tecnología en la educación es demasiado importante para dejarla en manos de intereses privados. La soberanía digital educativa es, en última instancia, la capacidad de una sociedad para decidir colectivamente qué futuro quiere construir con y a través de la tecnología, y para asegurar que la educación siga siendo un faro de pensamiento crítico, justicia social y bien común en la era digital. Es uno de los grandes proyectos de nuestra época para que la escuela no sea un apéndice del mercado, sino un espacio de libertad, creación y comunidad.

6. La soberanía digital educativa también es internacionalista

La digitalización global ha redefinido los equilibrios de poder en el siglo XXI. El control de los datos, los algoritmos y las infraestructuras digitales se ha convertido en un nuevo terreno de disputa geopolítica y cultural (Couldry y Mejias, 2019). En este marco, la soberanía digital —y particularmente su dimensión educativa— trasciende el ámbito nacional y técnico para situarse en el centro de una agenda internacional de emancipación democrática y justicia social.

La noción de soberanía, en su concepción clásica, ha estado tradicionalmente ligada al control del territorio y a la autodeterminación de los Estados-nación. La Paz de Westfalia (1648) estableció el principio de soberanía territorial como piedra angular del orden internacional, como comentamos anteriormente. Podríamos hablar de un intento de imponer un «Westfalia digital», en la que cada Estado busque un control absoluto sobre su ciberespacio. Sin embargo, la naturaleza transnacional de la tecnología hace que este modelo sea inviable y contraproducente.

El principio de autoridad de un Estado sobre su territorio y población se encuentra hoy en una encrucijada histórica. La globalización, la revolución digital y la interdependencia económica han desdibujado las fronteras físicas, con lo que se plantea una paradoja: para ser verdaderamente soberano en el siglo XXI, un Estado debe participar activamente en el escenario internacional y moldearlo. La idea de una soberanía aislacionista, hermética e insular puede condenar a los países a la irrelevancia y a la dependencia.

Frente a esto, la soberanía internacionalista se alinea con corrientes de pensamiento cosmopolitas y republicanas de las relaciones internacionales. No aboga por un gobierno mundial, sino por un sistema de «gobernanza policéntrica» en el que múltiples actores (Estados, organizaciones, sociedad civil) colaboren en la creación de normas.

Además, la era digital ha reconfigurado radicalmente este concepto, pues las infraestructuras y plataformas digitales operan en lógicas transnacionales, guiadas por intereses privados y por el actual capitalismo del fin de los tiempos, extractivista, colonial y libertariano, como hemos analizado anteriormente (Fuchs, 2020). La soberanía digital —entendida como la capacidad de una comunidad social y política para definir las reglas, infraestructuras y prácticas que rigen sus datos, plataformas y tecnologías, es decir, para decidir qué tecnologías usar, con qué fines y bajo qué normas— ha pasado en pocos años de ser un término técnico en círculos jurídicos y diplomáticos a convertirse en un eje central del debate público sobre democracia, desarrollo y derechos humanos desde una perspectiva internacionalista.

Esto se traslada al campo de la educación, que se ha convertido en un espacio en disputa. La colonización digital ha transformado el fértil terreno de las escuelas y las universidades de todo el mundo en un mercado globalizado en el que los intereses corporativos y los algoritmos externos amenazan no solo con explotar, mediante su lógica extractivista, la intimidad de los estudiantes y la comunidad educativa, sino también con definir los contenidos, la organización, los métodos y los fines de la educación, lo que desdibuja la capacidad de las comunidades educativas para decidir sobre su propio proyecto educativo, social, político y cultural. En este sentido, la defensa de la soberanía digital educativa constituye un eje estratégico en la lucha por la emancipación democrática y el desarrollo autónomo de los pueblos en la era tecnocapitalista, que ha convertido nuestros espacios digitales cotidianos en latifundios extractivos privados (Levi, 2025).

La colonización digital de la educación, impulsada por grandes corporaciones tecnológicas *(Big Tech)* con sede en el Norte Global, es un fenómeno transnacional. Sus efectos —desde la estandarización de contenidos y pedagogías hasta la extracción masiva de datos del alumnado, el profesorado y las familias— se sienten desde las aulas de América Latina hasta las de Asia y África. La soberanía digital ya no puede entenderse únicamente como una barrera defensiva detrás de la cual un país protege sus datos y su infraestructura tecnológica. En un contexto de creciente concentración de poder tecnológico en manos de unas pocas corporaciones transnacionales, el horizonte de una soberanía digital educativa se presenta como una lucha común por la justicia cognitiva, el bien común y la democratización de los medios de producción digitales.

Este capítulo postula que la verdadera soberanía digital en el ámbito educativo es inherentemente internacionalista, lo cual requiere pedagogizar el debate digital, articular una gran alianza global por la soberanía digital educativa y reivindicar las alternativas epistemológicas, tecnológicas y políticas surgidas desde el Sur Global, que puedan participar en pie de igualdad en el ecosistema global del conocimiento y colaborar de forma autónoma y crítica para construir alternativas a los modelos hegemónicos.

Por ello, pensar la soberanía digital educativa exige desplegarla como problema pedagógico, político y también internacional: no basta con «localizar» servidores o aprobar leyes de protección de datos; es necesario articular alianzas, marcos normativos y pedagogías que sitúen la educación en una perspectiva global y de justicia entre Norte y Sur. Este capítulo desarrolla estos tres ejes complementarios: *a)* por qué el debate sobre soberanía digital debe «pedagogizarse», *b)* cómo construir una gran alianza global por la soberanía digital educativa y *c)* la necesidad de reivindicar alternativas desde el Sur Global. Todo ello desde una convicción fundamental: la fortaleza digital de unos refuerza la soberanía de todos en un proyecto común de emancipación cognitiva (Jarquín-Ramírez y Díez-Gutiérrez, 2026.

La soberanía digital, en este sentido, debe ser entendida como internacionalista: requiere alianzas globales, pedagogías críticas y políticas comunes que permitan resistir el colonialismo tecnológico y avanzar hacia un orden digital mundial más justo. La educación, como espacio de producción de saber, cultura y ciudadanía, ocupa un papel central en esa lucha.

El debate actual sobre la soberanía digital debe «pedagogizarse»

En la última década, el discurso sobre la digitalización educativa ha sido colonizado por el lenguaje de la eficiencia, la innovación y la competitividad, promovido por organismos internacionales, fundaciones filantrópicas y grandes corporaciones tecnológicas. Bajo el pretexto de «modernizar» la educación, se ha desplazado el debate político y ético hacia una tecnocracia que se presenta como aparentemente neutral y puramente técnica. Pero la pedagogía crítica adsvierte sobre los peligros de una educación que renuncia a interrogar los intereses detrás de las tecnologías.

El término «soberanía digital» ha permeado los discursos políticos y tecnológicos, pero su abordaje en el campo educativo sigue siendo superficial (Parcerisa *et al.*, 2024). Gran parte de la discusión pública sobre soberanía digital ha estado dominada por términos estatales y gremiales: localización y control de datos, regulación de infraestructuras, estrategias industriales nacionales y competencia geopolítica entre bloques (por ejemplo, la rivalidad tecnológica entre Estados Unidos, la Unión Europea y China).

«Pedagogizar» este debate implica trasladarlo del ámbito de los especialistas en tecnología, derecho o ciberseguridad a las comunidades educativas: docentes, estudiantes, familias, administradores y legisladores. Pedagogizar la soberanía digital significa precisamente desplazar el foco desde el ámbito de las infraestructuras y los mercados hacia las prácticas educativas, los currículos, el profesorado y las comunidades escolares como agentes de reproducción o resistencia frente a las lógicas extractivistas y colonizadoras. Es decir, devolver la palabra a las comunidades educativas, situar la tecnología como objeto de análisis y deliberación democrática, y no solo como instrumento.

Pedagogizar la soberanía digital implica formar sujetos capaces de comprender que cada «nube», cada aplicación y cada algoritmo son artefactos políticos. Si la soberanía digital se define por la «capacidad de ejercer control efectivo sobre el entorno tecnológico y los datos», en el ámbito educativo, esto exige una pedagogía que no se limite a enseñar competencias digitales, sino que fomente la conciencia crítica sobre los modelos de poder, propiedad y gobernanza tecnológica.

Significa desentrañar las implicaciones pedagógicas, éticas y políticas de las tecnologías que se integran en las aulas con el fin de transformar un problema técnico en un objeto de reflexión y acción pedagógica. Esta mirada pedagógica es necesaria ante el hecho de que el modelo de captura y extracción de datos y las lógicas de fidelización y *engagement* de las plataformas digitales acaban modelando subjetividades y relaciones sociales, y construyen una auténtica «pedagogía pública» rizomática —que se da en todo tiempo y lugar, que no respeta fronteras y que ejerce efectos diferenciados en contextos desiguales—.

La alfabetización en «competencias digitales», centrada en el desarrollo de habilidades instrumentales, es el aspecto más impulsado en el campo educativo, pero es completamente insuficiente. Es necesario fomentar una alfabetización digital crítica que cuestione quién produce la tecnología, con qué intereses, qué modelo de sociedad promueve y qué hace con los datos que recoge (Pangrazio y Selwyn, 2023). La comunidad educativa debe comprender que el uso de una plataforma educativa, inicialmente gratuita, no es un acto neutral; es una transacción donde el dato del aprendiz se convierte en la mercancía. Como dice el refrán: «el producto somos nosotros».

Pedagogizar el debate es enseñar a leer entre líneas de los términos de servicio, a entender la economía política de las plataformas y a reconocer los sesgos algorítmicos que pueden perpetuar desigualdades. Significa hacer visible este «currículo oculto» de las plataformas y contrastarlo con proyectos educativos centrados en el pensamiento crítico, la creatividad y la ciudadanía democrática. Se trata de una batalla por el alma misma de la educación.

Cada entorno digital de aprendizaje se diseña desde una ideología determinada y conlleva un modelo pedagógico que subyace tras ese entorno. Las plataformas corporativas suelen promover un aprendizaje estandarizado, gamificado y orientado a la métrica, que puede erosionar la autonomía profesional del docente y reducir la educación a un proceso de entrenamiento medible (Williamson, 2017).

La pedagogización implica analizar, revisar y problematizar tres planos concretos de esta «pedagogía pública» que se introduce en nuestras aulas y en nuestros centros: contenidos (qué se enseña), metodologías (cómo se enseña) y alfabetizaciones (qué capacidades se priorizan). En contenidos, es urgente introducir nociones críticas sobre gobernanza de datos, privacidad, economía de plataformas y modelos alternativos de *software*. En metodologías, favorecer prácticas que promuevan la agencia tecnopedagógica del alumnado, el profesorado y las familias (por ejemplo, proyectos de *software* libre, laboratorios comunitarios y prácticas de diseño colectivo). En alfabetizaciones, ampliar la idea de «competencias digitales» para que incluya alfabetización política y crítica de las plataformas, así como capacidades técnicas básicas que permitan a comunidades educativas auditar y adaptar herramientas digitales. Estas transformaciones curriculares requieren coordinación entre diseñadores de políticas, docentes y comunidades: no es suficiente con programas piloto aislados (que deben acogerse y apoyarse) ni con soluciones tecnocráticas carentes de análisis sobre la ideología que conllevan. Es necesario incorporar también enfoques anticapitalistas, descoloniales y comunitarios al diseño de tecnologías educativas para evitar reproducir la ideología capitalista, las dependencias neocoloniales y los planteamientos individualistas y competitivos.

Pero también es necesario trasladar estos debates técnicos a un lenguaje accesible y relevante para la vida cotidiana de las personas: si la comunidad educativa no comprende cómo sus datos son monetizados, cómo sus preferencias son moldeadas por algoritmos o cómo la dependencia tecnológica afecta a la autonomía pedagógica, difícilmente podrá ejercer su soberanía.

Llevar a cabo esta pedagogización requiere una estrategia multisectorial en:

- El sistema educativo formal: integrar la «alfabetización digital crítica» en los currículos escolares, desde la primaria hasta la universidad. No se trata solo de enseñar a usar herramientas, sino de comprender su impacto social, económico y político.
- Los medios de comunicación públicos: los medios de servicio público tienen la obligación de generar programas, documentales y reportajes que expliquen estos temas de manera didáctica y atractiva.
- Campañas públicas de concienciación: Gobiernos y organizaciones de la sociedad civil deben lanzar campañas masivas, similares a las de salud pública, sobre temas como la protección de datos, el pensamiento crítico frente a la desinformación y el uso de *software* soberano.
- Espacios de diálogo comunitario: crear foros, talleres y consultas ciudadanas para discutir sobre cómo la tecnología afecta a las comunidades locales y qué políticas se quieren impulsar.

Pero el eslabón fundamental para esta pedagogización es el profesorado, actor central en este proceso. No se trata solo de formar al profesorado en el uso de una herramienta, sino de convertirlo en un agente capaz de cuestionar modelos de negocio privado, evaluar riesgos del capitalismo de vigilancia y analizar cómo la extracción de datos es comparable a la extracción de recursos naturales en épocas pasadas. Un agente capaz también de comprender que los algoritmos ordenan nuestras preferencias y nuestra visión del mundo, y de reconocer que la soberanía depende de tener control sobre las infraestructuras críticas (cables submarinos, centros de datos, redes 5G/6G). Y capaz, sobre todo, de construir alternativas locales que relacionen la soberanía con la capacidad de producir y distribuir contenidos culturales, educativos e informativos propios, en lenguas locales, que compitan con el embate homogeneizador de los contenidos globales masivos.

Sin embargo, la formación docente, sobre todo la formación continua, suele estar dominada por talleres patrocinados por las *Big Tech*, que promueven la adopción acrítica de sus herramientas y convierten incluso al profesorado en «embajadores de marca» de sus productos. Es urgente desarrollar programas de formación que equipen a los educadores con un marco crítico para evaluar, seleccionar y utilizar tecnologías de manera soberana (Selwyn, 2022). Esto incluye:

- Conocimiento sobre alternativas: formación en *software* libre y estándares abiertos.
- Capacidad de reivindicación: para exigir transparencia en el tratamiento de datos y adaptación a los proyectos educativos locales.
- Investigación-acción: para que los docentes investiguen y documenten el impacto real de las tecnologías digitales en sus contextos específicos.

Esto exige políticas de formación continua que integren análisis críticos sobre el ecosistema digital y recursos para que las escuelas experimenten con infraestructuras soberanas (servicios en nube comunitarios, repositorios de recursos abiertos, plataformas interoperables bajo control institucional o comunitario). Sin el fortalecimiento de la formación y la capacidad de agencia del profesorado, las reformas tecnológicas terminan reproduciendo dependencia y extractivismo.

Pedagogizar la soberanía digital es, en definitiva, un acto de empoderamiento de la comunidad educativa, una forma de recuperar la agencia sobre los procesos de enseñanza y aprendizaje y decidir colectivamente qué tecnologías se usan, para qué fines y en qué términos. Sin una ciudadanía educada digitalmente de forma crítica y política, cualquier intento de soberanía digital educativa y social será frágil y acabará liderado por una élite desconectada de las necesidades reales de la población.

Construir una gran alianza global en defensa de la soberanía digital educativa

Hemos visto cómo las grandes corporaciones tecnológicas —Google, Microsoft, Meta, Amazon y Apple— no solo controlan infraestructuras y plataformas, sino que definen estándares, algoritmos y marcos normativos globales. Su poder es más que económico: es cultural y epistémico. Modelan lo que significa aprender, enseñar, comunicar y participar.

La arquitectura digital y las cadenas de valor tecnológicas de estas corporaciones son transnacionales; por eso, la soberanía digital educativa no puede reducirse únicamente a iniciativas nacionales o regionales aisladas, aunque esto puede ser un inicio. Además, las presiones de mercado y las asimetrías en poder computacional hacen que países y comunidades con infraestructuras limitadas queden expuestos a prácticas de captura de datos y dependencia. Enfrentar el poder concentrado de las *Big Tech* y los modelos educativos homogenizantes es una tarea que excede la capacidad de cualquier país, especialmente de aquellos con menos recursos en el Sur Global. Es necesaria, por tanto, una alianza internacional para compartir conocimientos técnicos, estrategias regulatorias, marcos pedagógicos y herramientas libres que catalicen procesos de emancipación tecnológica en contextos diversos.

La soberanía, en este contexto, se construye mediante la cooperación y la solidaridad internacional. Esta alianza global es una necesidad estratégica para contrarrestar la asimetría de poder. Una coalición amplia permitiría equilibrar fuerzas y crear economías de escala en investigación, certificación y gobernanza democrática de tecnologías educativas. Para ello se requieren marcos normativos internacionales que reconozcan los derechos digitales como derechos sociales y educativos.

Este frente internacional por la soberanía digital y educativa, que una a Estados, comunidades académicas, movimientos sociales, sindicatos docentes y redes de *software* libre, debería articular al menos cinco ejes de trabajo, que combinen lo técnico, lo normativo y lo político:

- Infraestructura pública y compartida mediante el desarrollo colaborativo de *software* y recursos educativos abiertos (REA): países con desafíos similares pueden unir recursos para financiar el desarrollo de plataformas educativas de código abierto, sistemas de gestión de aprendizaje (LMS), servicios de alojamiento soberanos y repositorios de contenido abierto que respeten interoperabilidad y privacidad. Esto reduce costes, evita la dependencia y garantiza que las herramientas se adapten a contextos culturales y lingüísticos específicos.

- Marco legal y estándares comunes: acuerdos internacionales que definan normas mínimas comunes sobre protección de datos, portabilidad educativa y prohibición de prácticas extractivas en contextos escolares. Con especial incidencia en un marco común de protección de datos educativos que establezca, a escala internacional, un tratado o acuerdo marco que considere los datos educativos como especialmente sensibles, prohíba su uso comercial o para la creación de perfiles predictivos e imponga estándares estrictos de seguridad y localización.
- Red de investigación y formación digital crítica: programas conjuntos de formación de formadores, intercambio académico y laboratorios de innovación pedagógica orientados a la soberanía digital educativa. Esta red global debe facilitar que el profesorado comparta mejores prácticas sobre cómo integrar la tecnología de manera crítica y emancipadora, priorizando la formación docente en competencias digitales desde una perspectiva de soberanía digital crítica.
- Financiación solidaria: fondos internacionales que apoyen migraciones tecnológicas soberanas en países con menos recursos y que eviten condicionalidades extractivas.
- Movilización y gobernanza inclusiva: mecanismos deliberativos que incorporen voces de comunidades educativas, profesorado, estudiantes y pueblos originarios en la definición de prioridades.

Conviene recordar que no partimos de cero: hay redes, colectivos y proyectos que pueden funcionar como nodos iniciadores. Iniciativas de *software* libre educativo, redes de investigación en *EdTech* crítica y coaliciones por datos abiertos son ejemplos capaces de escalar y articularse.

Entre las experiencias y redes que sirven de base a esta alianza se encuentran:

- Cities Coalition for Digital Rights, que promueve la protección y defensa de los derechos digitales a nivel global y local (https://citiesfordigitalrights.org).
- Free Software Foundation y Creative Commons, que defienden infraestructuras abiertas (https://www.fsf.org).
- Iniciativas públicas como Framasoft (Francia) o Decidim (Barcelona), que desarrollan plataformas democráticas de código abierto (https://framasoft.org; https://decidim.org).
- Movimientos latinoamericanos como ALBA Educación o la RedCLARA, que articulan cooperación educativa regional en clave soberana (https://redclara.net).

Estas experiencias demuestran que es posible construir infraestructuras tecnológicas públicas, colaborativas e interoperables, orientadas a la justicia cognitiva y a la soberanía pedagógica.

Una alianza efectiva puede materializarse en la creación y el fortalecimiento de redes transnacionales de educadores, investigadores y desarrolladores. Estas comunidades de práctica pueden colaborar en la producción, adaptación y localización de recursos educativos abiertos (REA), lo que evita la dependencia de contenidos propietarios y restrictivos. La creación de repositorios globales de REA, con materiales en múltiples idiomas y contextualizados para diferentes realidades, constituye un acto de soberanía cognitiva colectiva.

La alianza debe extenderse al desarrollo de infraestructura digital. Países con capacidades de programación y diseño pueden colaborar en la creación de plataformas de código abierto específicamente diseñadas para fines educativos públicos. Proyectos como Moodle o Nextcloud son ejemplos incipientes, pero se requiere una inversión coordinada a escala global para crear alternativas robustas, seguras y fáciles de usar que puedan competir con los paquetes integrados de Google o Microsoft. Un fondo internacional para el desarrollo de *software* educativo público y abierto sería un hito en esta dirección.

Uno de los mayores desafíos es la regulación de los datos educativos. Una alianza global puede permitir a los países armonizar sus marcos legales mediante la creación de estándares comunes de protección de datos estudiantiles y de las comunidades educativas más estrictos que los impuestos por las corporaciones. Inspirándose en regulaciones como el GDPR europeo, los países del Sur Global pueden desarrollar conjuntamente una «Convención Internacional sobre Datos Educativos» que prohíba la comercialización de datos de menores, exija el almacenamiento local o regional y garantice la portabilidad de los datos (Zeide, 2019). La fuerza de un bloque negociador unido es indispensable para imponer también estas condiciones a los gigantes tecnológicos, en caso de que no hayan sido nacionalizados aún.

Una alianza exitosa combinará estructuras federadas (capaces de respetar la autonomía local) con mecanismos de coordinación (para compartir estándares y recursos). Además, la alianza debe diseñar indicadores de impacto que vayan más allá de la mera adopción tecnológica y evalúen los cambios en la autonomía pedagógica de las comunidades educativas, la reducción de dependencia, el fortalecimiento de capacidades locales, la soberanía digital educativa y el impacto en la vida social y el entorno.

La alianza global por la soberanía digital educativa debe inspirarse en el internacionalismo solidario del siglo XX, pero adaptado a las condiciones tecnopolíticas actuales. Como señala Mason (2016), la transición hacia un socialismo digital requiere instituciones globales que regulen las plataformas, socialicen los datos y promuevan el acceso universal al conocimiento.

La UNESCO (2021), en su Recomendación sobre la Ética de la Inteligencia Artificial, el primer marco normativo global sobre el tema, adoptado por sus 193 Estados miembros, ya reconoce la necesidad de un marco global de gobernanza tecnológica centrado en los derechos humanos. Sin embargo, las políticas educativas deben avanzar hacia una «Carta Global de Soberanía Digital Educativa», elaborada de forma democrática y con la participación de comunidades educativas, Gobiernos y movimientos sociales.

Reivindicar alternativas desde el Sur Global

En este planteamiento internacionalista no podemos obviar, como advertimos, que el Sur Global se enfrenta actualmente a una nueva forma de dependencia: la neocolonización digital, caracterizada por el consumo en los países periféricos de tecnologías diseñadas en el Norte bajo lógicas extractivistas de datos y control cognitivo (Couldry y Mejias, 2019). Esto no solo impone epistemologías eurocéntricas y reduce la diversidad cultural y lingüística, sino que amplifica la ideología capitalista y extractiva del Norte Global sobre el Sur Global e impone un modelo de vigilancia y control basado en lógicas geopolíticas de conquista y dominación neocoloniales.

En el ámbito educativo, la dependencia se traduce en contenidos importados y currículos digitalizados por plataformas extranjeras dependientes de editoriales del Norte Global; formación docente basada en productos corporativos de las *Big Tech;* gestión administrativa y de evaluación estandarizada controlada por sistemas digitales en manos privadas; políticas educativas diseñadas en función de esos productos y tecnologías del Norte Global, y la progresiva pérdida de autonomía pedagógica y organizativa de las comunidades educativas (Williamson y Hogan, 2020).

Por esta razón, reivindicar alternativas construidas desde el Sur Global significa reapropiarse del conocimiento, los datos y las infraestructuras digitales como bienes comunes, y edificar desde abajo, de forma democrática y colectiva, un nuevo internacionalismo digital. Es el momento de reivindicar y crear alternativas propias que surjan de las experiencias locales, de las comunidades originarias, de los grupos y colectivos no tenidos en cuenta, de quienes han quedado en los márgenes del poder, desde sus necesidades de desarrollo social y humano y desde su riqueza cultural.

Necesitamos una «ecología de saberes» que reconozca la pluralidad epistemológica del mundo. Este enfoque promueve el diálogo entre diferentes tipos de conocimientos (científico, popular, social, artístico, entre otros) sin jerarquías absolutas, al tiempo que reivindica epistemologías de resistencia y justicia cognitiva. Busca superar la dominación de la «ciencia moderna» noroccidental para construir un conocimiento más plural y democrático, capaz de abordar los complejos desafíos sociales y ambientales globales actuales. La soberanía digital educativa debe, por tanto, incorporar las epistemologías del Sur: modos comunitarios, cooperativos y relacionales de producción y construcción del conocimiento.

Proyectos como el *software* libre educativo latinoamericano (por ejemplo, Canaima en Venezuela,[11] Chamilo LMS en Perú,[12] Huayra en Argentina[13]), las universidades indígenas interculturales o los repositorios abiertos del Sur representan ejemplos concretos de esta soberanía cognitiva y digital.

Además, hay experiencias en desarrollo que apuntan en este sentido internacionalista y que pueden orientar un modelo educativo con una visión democrática, cooperativa, solidaria y compartida. Un ejemplo es la IA cooperativa global de Platform Cooperativism Consortium, construida al estilo de la red SWIFT (que conecta las transferencias bancarias), con una IA basada en cuatro capas: *a)* nubes federadas y de gestión pública; *b)* cooperativas de datos en las que las comunidades deciden qué compartir; *c)* modelos abiertos y auditables; *d)* una gobernanza democrática en la que participan municipios, sindicatos, universidades públicas y cooperativas digitales. En esta misma línea se sitúa la iniciativa Patio, que conecta cooperativas tecnológicas de todo el mundo para democratizar el sector.

Cabe mencionar también, en el ámbito educativo, las aulas gemelas *(twin classrooms)*, muy populares en los ambientes

---

11. Canaima es una distribución Linux desarrollada en Venezuela, diseñada especialmente para el uso en instituciones educativas y gubernamentales. Este proyecto se basa en Debian y ha sido fundamental para impulsar la adopción del *software* libre en el país.

12. Chamilo LMS es un sistema de gestión de aprendizaje (LMS) creado en Perú que se utiliza ampliamente en instituciones educativas y corporativas de todo el mundo. Su objetivo es democratizar el acceso a herramientas educativas de calidad. Incluso ha sido traducido al quechua.

13. Huayra es una distribución Linux creada como parte del programa Conectar Igualdad en Argentina. Este proyecto busca promover la inclusión digital en el sistema educativo.

educativos desde los primeros tiempos de internet, en las que se empareja una clase de España con una de México para estudiar conjuntamente la conquista y la invasión, o una de Kenia con una de Noruega para comparar ecosistemas y compartir soluciones de sostenibilidad. También los proyectos de ciencia ciudadana global, como iNaturalist,[14] en el que estudiantes de todo el mundo contribuyen a un banco de datos global sobre biodiversidad. O los repositorios de REA multilingües, como el Proyecto Gutenberg[15] para libros u OER Commons[16] para recursos educativos diversos.

Como venimos insistiendo, no se trata de rechazar la tecnología o la digitalización, sino de reorientarlas desde valores democráticos y comunitarios, de justicia y reciprocidad, frente a la lógica extractivista del capitalismo digital neocolonial.

El horizonte que reclamamos es el del socialismo digital (Morozov, 2018; Mason, 2016), que propone la socialización de los medios digitales de producción y la propiedad pública de los datos, las infraestructuras y los programas tecnológicos para ponerlos en manos del común. Es decir, una tecnología del bien común, controlada democráticamente. En el ámbito educativo, esto implica:

- Invertir en «nubes» educativas, plataformas y canales de comunicación de titularidad y gestión pública, es decir, gestionadas por el Estado y las comunidades locales.

---

14. iNaturalist es una plataforma que permite identificar las plantas y los animales del propio entorno y contribuir con datos a la investigación científica y la conservación de la biodiversidad.

15. El Proyecto Gutenberg es una biblioteca con más de 75 000 libros electrónicos gratuitos.

16. OER Commons es una biblioteca digital pública de recursos educativos abiertos.

- Promover *software* libre educativo y recursos educativos públicos, gratuitos y abiertos.
- Establecer los mecanismos públicos suficientes para la creación y el uso de materiales digitales para la docencia y el aprendizaje, cursos en línea gratuitos y abiertos; vídeos didácticos y *software* de código abierto que cualquier persona, en cualquier lugar, pueda usar, adaptar y redistribuir libremente.
- Crear laboratorios de innovación tecnosocial donde docentes, estudiantes y comunidades codiseñen tecnologías con el apoyo de personas expertas que faciliten las herramientas y los saberes necesarios. Crear comunidades de práctica profesional internacionales donde los docentes compartan estrategias, codiseñen situaciones de aprendizaje, materiales didácticos, recursos pedagógicos, y se apoyen mutuamente.
- Implementar propuestas de aprendizaje basado en proyectos (ABP) internacionales, en las que aulas de diferentes países trabajen juntas para resolver un problema común que suponga un desafío real y práctico para sus comunidades sociales (por ejemplo: cambio climático, diseño sostenible, análisis histórico decolonial y compartido). Las herramientas de traducción automática son un puente para ello, aunque no un sustituto.
- Diseñar experiencias educativas de educomunicación crítica que enseñen a navegar por las redes digitales de forma consciente, que ayuden a prevenir la desinformación y que deconstruyan los discursos de odio.
- Entrenar a la inteligencia artificial pública con pensamiento antifascista, anticapitalista, decolonial, antirracista, feminista, inclusivo, intercultural, antineoliberal y crítico, que impulse una subversión epistemológica.

- Asegurar la soberanía de los datos educativos y evitar su extracción por parte de las corporaciones.
- Utilizar la tecnología para preservar, documentar y potenciar los saberes ancestrales y las lenguas originarias, e integrar estos contenidos en los repositorios digitales abiertos para contrarrestar la imposición de la cultura y el idioma del mundo anglosajón.
- Coordinar posiciones en foros internacionales para abogar por un «nuevo orden digital internacional» más justo y equitativo, que reconozca las asimetrías, promueva la transferencia tecnológica mediante ecosistemas de aprendizaje colaborativo y recíproco.
- Crear un «Fondo Conjunto de Investigación y Desarrollo Digital Educativo del Sur» para financiar proyectos educativos digitales estratégicos y no discriminatorios, así como plataformas educativas abiertas y compartidas. El mayor obstáculo sigue siendo la infraestructura desigual: sin una base mínima de infraestructura y conectividad, la solidaridad internacional se convierte en un «club exclusivo». Se necesitan acceso y equidad digital: democratizar el acceso a herramientas y conexiones de calidad requiere esfuerzos públicos y cooperación internacional.

Estas medidas serán posibles con voluntad política, una visión no eurocéntrica y descolonial, una filosofía del bien común y también, por qué no, una cooperación Sur-Sur que fortalezca la autonomía regional frente a las *Big Tech* y cree redes de conocimiento horizontales y distribuidas.

Además, el Sur Global tiene ventajas comparativas cruciales para este fin:

- Innovación por necesidad: la escasez de recursos ha fomentado soluciones creativas y de bajo coste.
- Perspectiva del bien común: muchas culturas del Sur Global priorizan lo comunitario sobre lo individual. Esto puede traducirse en modelos de gobernanza digital más centrados en el bien común y menos en la lógica extractivista y mercantilista del Norte.
- Experiencia en cooperación Sur-Sur: existen mecanismos históricos de cooperación entre países del Sur que pueden orientarse hacia la tecnología y la educación.

Hacia un internacionalismo digital educativo

La soberanía digital educativa no puede entenderse sin un horizonte internacionalista. La dependencia tecnológica global exige respuestas colectivas, democráticas y solidarias. Pedagogizar el debate digital, construir una alianza global y reivindicar las alternativas del Sur Global son tres dimensiones inseparables de una misma lucha: la defensa de la educación como bien común en la era digital.

La soberanía digital educativa en el siglo XXI ha de ser internacionalista o no será. Para el Sur Global, este no es un debate abstracto, sino una cuestión de supervivencia y de futuro. La ruta pasa por una pedagogización del debate sobre el futuro digital que empodere a la ciudadanía, por la construcción de alianzas globales sólidas centradas en la educación como campo de batalla fundamental, y por la audacia de proyectar alternativas propias y soberanas al orden digital capitalista existente. No se trata de desconectarse del mundo, sino de integrarse en el mundo digital con voz propia, desde el Sur Global y con un proyecto colectivo de futuro. Porque la soberanía digital, del mismo modo, será cooperativa o no será.

Frente al capitalismo digital y la colonización tecnocultural, la educación debe ser capaz de imaginar futuros tecnológicos emancipadores. Insistimos con Naomi Klein (2020): si la tecnología se ha convertido en algo esencial para la vida de la humanidad, y lo seguirá siendo en el futuro, debe ser considerada un bien común, un derecho que, como tal, se ha de garantizar a toda la humanidad de forma gratuita, pública y sin ningún tipo de exclusión.

La educación, en este sentido, puede desempeñar un papel crucial en la formación de las futuras generaciones en esta cultura y en la construcción de las alianzas necesarias que hagan posible ese horizonte. Solo un internacionalismo pedagógico digital público, comprometido con la justicia cognitiva y la soberanía colectiva, podrá transformar la tecnología en herramienta de emancipación y no de dominación.

Conclusiones

En 2020, durante la pandemia de la COVID-19, que confinó a la población en sus domicilios, las grandes multinacionales tecnológicas aprovecharon la ventana de oportunidad para asaltar la educación pública. Las *Big Tech*, que estaban entre la espada y la pared —acusadas de manipular millones de datos para orientar las elecciones (Cambridge Analytica), condenadas por su intromisión policial en la privacidad, sentenciadas ante su creciente poder, sus prácticas monopolísticas y su «abuso de posición de dominio» más allá de las regulaciones nacionales e internacionales (Facebook), por su evasión de impuestos (Google), por sus «prácticas depredadoras en la publicidad online» o por su uso fraudulento de los datos recopilados—, encontraron en la pandemia y el confinamiento la «oportunidad» para hacer una pirueta virtual, revertir la opinión pública y acumular todavía más poder e influencia. De ser denostadas pasaron a ser alabadas. De ser perseguidas, a ser necesitadas. De ser los «villanos» del relato digital pasaron a ser los «chicos maravillosos» que ofrecían (gratis, inicialmente) plataformas y toda una infraestructura digital para comunicarse en línea en una sociedad confinada y aislada. Se convirtieron en la tabla de salvación. Especialmente en el mundo educativo, pues las clases, la docencia, el aprendizaje y la dinámica formativa se pudieron retomar «gracias» a esas plataformas privadas.

De esta forma, los gigantes tecnológicos norteamericanos —Google, Amazon, Facebook, Apple y Microsoft (las

GAFAM)— reconvirtieron y disputaron el relato hasta el punto de que, de ser demonizados, pasaron a anunciar que, gracias a ellos, se iba a reinventar y transformar radicalmente la educación tradicional a escala mundial. El director de Educación de la OCDE, Andreas Schleicher, llegó a afirmar que se trataba de un momento crucial en el que había desaparecido «toda la burocracia que ahogaba la innovación en la educación pública». Es la oportunidad —aseguraban las GAFAM— para «reestructurar las escuelas, la idea de la educación y el aspecto del aprendizaje en el siglo xxi».

Naomi Klein (2020) relata cómo estos imaginarios de «oportunidades históricas», al amparo de un estado de shock generalizado como el de la pandemia, se instrumentalizan para pasar del campo de las ideas a las acciones. El entonces gobernador de Nueva York, Andrew Cuomo, junto con el antiguo CEO de Google, Eric Schmidt, y la Fundación Bill y Melinda Gates, propusieron «reinventar la educación» mediante «un sistema educativo más inteligente» que reimaginara la realidad pospandemia en el estado de Nueva York, ya que aseguraban que «la pandemia ha creado un momento en la historia en el que podemos incorporar y avanzar en las ideas [de Gates]», que antes no pudieron llevarse a cabo de forma tan masiva y sin trabas (Williamson y Hogan, 2020).

Esta doctrina del shock pandémico, o «*New Deal* de la pantalla» como la denomina Klein (2020), ha permitido que lo que antes se cuestionaba (ciudades llenas de cámaras y sensores de vigilancia o la concentración de poder oligopólico en un puñado de empresas tecnológicas con total impunidad) ahora se acepte de forma casi reverente, como la única forma posible, indispensable para mantenernos a salvo a nosotros mismos y a nuestros seres queridos. La misma lógica se ha aplicado en el campo educativo.

Con el constante relato de «la modernización de una educación anclada en el siglo pasado» impulsaron su asalto definitivo a todos los niveles educativos. Una narrativa que proclama la imperiosa necesidad de la colaboración público-privada para gestionar la educación del futuro y convertirla en un espacio de negocio, en un nuevo nicho de mercado en expansión del capitalismo.

España debía certificar las competencias digitales de al menos el 80 % de 700 000 profesores no universitarios en 2024. Los gurús digitales aseguran que así entraremos en la escuela del sigloXXI, pues «no estamos en una época de cambios, sino en un cambio de época».

Según los datos publicados, el «mercado de la educación digital» mueve en el mundo unos 4,4 billones de dólares y se espera un fuerte crecimiento en los próximos veinte años con la IA. Los informes destacan que el sector con un mayor crecimiento era la *EdTech*, con un incremento del 23 % anual y una progresión exponencial. Una de las razones aducidas para este rápido crecimiento es «la caída de la financiación pública de la educación en todo el mundo, dejando espacio a las empresas privadas para moverse».

El negocio es apabullante: el coste de cada sistema operativo, al que hay que sumar la licencia para cada estudiante —que inicialmente se ofrece de forma gratuita hasta generar demanda y clientes suficientes para luego proponer el paso a la versión «pro» con costes mensuales añadidos—, asciende a cientos de millones de euros cada año. A esto hay que añadir las licencias de programas de videoconferencias, alojamiento en la nube y plataformas de trabajo; el antivirus, indispensable para sistemas operativos privativos (e innecesario por regla general para el *software* libre), con sus actualizaciones periódicas de pago que siguen sumando a la cuenta de beneficios de las multinacionales; además otras muchas aplicaciones de uso habitual, muchas de ellas con costes elevados. Y no es despreciable el gasto añadido en mantenimiento que requiere Windows, un coste que seguimos pagando con dinero público.

Este proceso está provocando un cambio generalizado en las prácticas educativas y configura una «pedagogía de emergencia» definida por estas plataformas en manos de la *EdTech*. Sin embargo, a pesar del aumento constante y la ubicuidad de las plataformas de educación digital, sigue siendo escasa la investigación educativa que adopte una mirada crítica hacia dichas plataformas, hacia el proceso de datificación y extracción de información, así como el cambio performativo que producen.

No obstante, hemos comprobado durante la pandemia (Díez-Gutiérrez y Gajardo, 2020) que la educación online solo resuelve problemas para quien no los tiene, es decir, para quien tiene ganas de aprender, es ya autónomo y cuenta con un entorno familiar favorable. Para los demás, difícilmente podrá competir con los videojuegos y las series de Netflix. La tecnología debe complementar la pedagogía, no confinarla o subordinarla.

Con la excusa de la «innovación pedagógica», movilizan campañas de *marketing* viral que anuncian un cambio y una re-evolución de la educación, con el mantra de adaptarla al siglo XXI y a las demandas del mercado futuro, mediante la automatización de procesos y el abaratamiento de costes a través de la sustitución de docentes por algoritmos que sabrán antes que nosotros mismos lo que vamos a hacer. Así pues, quien coloque sus aplicaciones en el mercado de la educación personalizada de los colegios —si es que estos tienen presencia física en unos años— tendrá la mejor fuente de extracción y recopilación de información y datos, de tendencias y deseos, detectados con algoritmos de inteligencia artificial que registrarán la actividad de cada estudiante para educar a la futura generación de consumidores (Cancela, 2025).

No es que estén vigilando nuestro futuro, sino que están condicionando nuestro presente para que, llegado el momento, nos comportemos tal como imagina quien diseña ese futuro. Los grandes patrocinadores de la *EdTech* impulsan así su asalto definitivo a la educación mediante una gobernanza híbrida que proclama la imperiosa necesidad de la colaboración público-privada para gestionar la educación del futuro.

El capitalismo digital de plataformas está construyendo un relato de salvación y re-evolución de la educación que nada tiene que ver con la realidad, sino más bien con el control y el dominio de las últimas fronteras que le quedan por conquistar: los bienes comunes. Estos son el último *far west* del capitalismo (el resto del planeta ya ha sido convertido al «credo único») y constituyen fuentes clave de ganancia si consigue convertirlos definitivamente en mercancías y valor comercial. Lo que está en juego es nuestra información, en forma de datos para predecir comportamientos: un bien común y esencial. Datos que extraen y venden las Big Tech, según la centenaria lógica extractivista, capitalista y colonial de extraer y acumular el «oro blanco» del siglo XXI (nuestra información) y hacerse con el control de nuestra soberanía digital.

Lo que ocultan es que el negocio real somos nosotros: tras estos proyectos se esconde una excusa para extraer información del alumnado con el fin de convertir los colegios en macrogranjas extractivistas de datos e información comercializable sobre unos clientes presentes y futuros a los que se quiere fidelizar. Un escenario en el que el sector de los seguros, las finanzas y la banca encontrará el terreno idóneo para especular y apostar sobre las perspectivas futuras de cualquier menor, escuela o distrito. La era digital se ha convertido así en otro capítulo más de la historia del capitalismo, que ha mercantilizado con afán de lucro la experiencia humana al traducir los comportamientos a datos para, a partir de ellos, realizar predicciones que se compran y se venden.

Frente a todo ello, la solución no pasa por controlar a los vigilantes tecnototalitarios ni por declararse objetor ante un futuro de la educación pública en manos de tecnologías e infraestructuras digitales privadas, fuera del control democrático, como han proclamado algunos. Planteamos, por el contrario, que, ante el imprescindible y necesario uso de la tecnología digital en el espacio educativo público, debemos ampliar la esfera digital pública libre de codificación y mercantilización, impulsar la reapropiación de los datos por parte de los usuarios e indagar en modalidades de construcción de los bienes comunes, las prácticas de creación y recreación de lo común.

Ciertamente, las tecnologías son un recurso y un apoyo imprescindible en la educación. Pero deben estar en manos de la comunidad educativa y de la comunidad social, no al servicio del beneficio de los accionistas del oligopolio tecnológico. De ahí que debamos recuperar e impulsar las plataformas públicas de código abierto, construidas por el profesorado y las comunidades educativas, con el fin de lograr una progresiva autonomía digital de los centros educativos y romper el monopolio privado de las aplicaciones de los gigantes tecnológicos, como ya están haciendo diferentes centros y universidades (X-net).

Debemos, a la vez, iniciar procesos de alfabetización digital crítica para que nuestro alumnado y la comunidad educativa sean conscientes de los desafíos a sus derechos digitales, desarrollen la motivación y las habilidades necesarias para reclamarlos y aprendan a resistir las prácticas más extendidas de la vigilancia de datos y la elaboración de perfiles comerciales. Porque lo que está en juego es la soberanía tecnológica.

Volvemos al inicio. Si internet y la comunicación digital se han convertido en un bien esencial para la especie humana, como claramente lo son, deberían tratarse como un bien común de utilidad pública sin fines de lucro. Por ello es necesaria una apuesta estratégica de los poderes públicos (a escala local, estatal y mundial) por una infraestructura digital pública que dé soporte a una red digital global pública. Solo así sería posible recuperar esa soberanía digital y evitar las diferentes brechas digitales: desconexión rural, precio de acceso, actualización de programas u obsolescencia programada, entre otras. Bien sea mediante la creación de una red pública alternativa y mucho mejor que la actual, bien sea mediante la nacionalización de la existente, al servicio del bien común.

Es decir, debemos avanzar hacia el socialismo digital democrático que proponen Mason o Morozov. Porque para «asaltar los cielos» hemos de socializar la nube y las actuales «naciones digitales», devolver al común lo que ha sido expoliado por los corsarios tecnototalitarios y, a la par, desarrollar infraestructuras digitales públicas al servicio de la comunidad social y humana. Esto es, poner en manos del común los nuevos medios de producción digital, como ya planteamos en las primeras páginas. En definitiva, debemos tomar medidas normativas valientes y decididas a escala mundial, nacional y local para recuperar nuestra soberanía digital y tecnológica y construir una auténtica democracia digital como bien público esencial.

Bibliografía

Agamben, G. (2020). El modo online que terminará por sepultar a la Universidad. *CCTT.* https://cutt.ly/lakAoT9

Aparici-Marino, R., Álvarez-Rufs, M. y Gómez-Mondino, P. (2024). Colonización tecnológica, automatización de la colonización y eco-educomunicación. *Chasqui: Revista Latinoamericana de Comunicación,* 157, 19-34.

Ball, S. (1993). *Foucault y la educación.* Madrid: Morata.

Bonilla, L. (2021). Modelación de la educación y escolaridad desde las revoluciones industriales. *Revista Anual Acción y Reflexión Educativa,* 46, 27-54.

Cancela, E. (2020). A vueltas con el concepto de soberanía (digital). *Hastapenak. Revista de Historia Contemporánea y Tiempo Presente,* 1.

Cancela, E. (2021). Google, Microsoft y la conquista de la soberanía digital vasca. *El Salto.* https://www.elsaltodiario.com/economia-digital/google-microsoft-y-la-conquista-de-la-soberania-digital-vasca

Cancela, E., & Goikoetxea, J. (2025). Spanish fake sovereignty: From privatising the nation-state to becoming a digital colony. *Ethnopolitics,* 24(1), 54-74. https://doi.org/10.1080/17449057.2023.2275882

Caro-Morente, J. (2023). The Silicon (Valley) Doctrine: Las ideologías de las Big-Tech. *El Viejo Topo,* 422, 4-9.

Ceballos, L., Maisonnave, M. y Britto, C. (2020). Soberanía tecnológica digital en Latinoamérica. *Revista Propuestas para el Desarrollo,* IV(IV), 151-167.

Couldry, N. y Mejias, U. A. (2019). *The Costs of Connection: How Data Is Colonizing Human Life and Appropriating It for Capitalism*. Stanford: Stanford University Press.

Couture, S. y Toupin, S. (2019). What does the notion of «sovereignty» mean when referring to the digital? *New Media & Society*, 21(10), 2305-2322. https://doi.org/10.1177/1461444819865984

De la Encarnación, F. y Canal, T. (2023). Soberanía digital, ¿un problema normativo o un problema geopolítico? *Economía Industrial*, 427, 45-47.

Deleuze, G. (1999). *Conversaciones 1972-1990*. Valencia: Pre-Textos.

Díez-Gutiérrez, E. J. (2020). La gobernanza híbrida neoliberal en la educación pública. *Revista Iberoamericana de Educación*, 83(1), 13-29. https://doi.org/10.35362/rie8313817

Díez-Gutiérrez, E. J. (2021). Hybrid digital governance and Ed-Tech capitalism. *Foro de Educación*, 19(2), 1-20. https://doi.org/10.14516/fde.860

Díez-Gutiérrez, E. J. y Gajardo, K. (2020). Educar y evaluar en tiempos de Coronavirus: la situación en España. *Multidisciplinary Journal of Educational Research*, 10(2), 102-134. https://doi.org/10.17583/remie.2020.5604

Díez-Gutiérrez, E. J. y Jarquín-Ramírez, M. R. (2025). Capitalismo digital y universidades: una reflexión sobre los riesgos educativos del uso de tecnología orientada a la ganancia. *Sintaxis*, 14, 49-68. https://doi.org/10.36105/stx.2025n14.04

Floridi, L. (2020). The Fight for Digital Sovereignty: What It Is, and Why It Matters, Especially for the EU. *Philosophy & Technology*, 33(3), 369-378. https://doi.org/10.1007/s13347-020-00423-6

Foucault, M. (2007). *Nacimiento de la biopolítica. Curso en el Collège de France (1978-1979)*. Buenos Aires: Fondo de Cultura Económica.

Foucault, M. (2002). *Vigilar y castigar.* México: Fondo de Cultura Económica.

Fratini, S., Hine, E., Novelli, C., Roberts, H. y Floridi, L. (2024). Digital sovereignty: A descriptive analysis and a critical evaluation of existing models. *Digital Society,* 3(3), 59.

Freire, P. (1970). *Pedagogía del oprimido.* Montevideo: Tierra Nueva.

Fuchs, C. (2020). *Communication and Capitalism: A Critical Theory.* Londres: University of Westminster Press.

Giroux, H. (1988). *Teachers as Intellectuals: Toward a Critical Pedagogy of Learning.* Nueva York: Praeger.

Gray, M. y Suri, S. (2019). *Ghost Work. How to Stop Silicon Valley from Building a New Global Underclass.* Nueva York: Harper Business.

Greene, L. (2018). *Silicon States: The Power and Politics of Big Tech and What It Means for Our Future.* Berkeley: Counterpoint Press.

Guerschberg, L. (2025). Impacto de la soberanía digital en poblaciones vulnerables: El rol del software libre en educación para cerrar la brecha digital. *Sapiens Discoveries International Journal,* 3(1), 1-22. https://doi.org/10.71068/bzae9v37

Holmes, W. y Tuomi, I. (2022). State of the art and practice in AI in education. *European Journal of Education,* 57, 542-570. https://doi.org/10.1111/ejed.12533

Jarquín Ramírez, M. R. (2021). *La pedagogía del capital.* Madrid: Akal.

Jarquín Ramírez, M. R. (2023). Capitalismo de plataformas, corporaciones y filantropía en la nueva escuela mexicana online. *Profesorado. Revista de Currículum y Formación del Profesorado,* 27(1), 151-173. https://doi.org/10.30827/profesorado.v27i1.24644

Jarquín Ramírez, M. R. (2026). *Pedagogía Ludita.* Madrid: Plaza y Valdés.

Jarquín-Ramírez, M. y Díez-Gutiérrez, E. (2026). Artificial Intelligence and Data Colonialism in Education: Implications for

Education Governance in the Global South, In Holmes, W. (Editor). *Handbook of Critical Studies of Artificial Intelligence and Education* (pp. 468-483). Cheltenham (UK): Edward Elgar Publishing.

Jasanoff, S. (2015). Future imperfect: science, technology, and the imaginations of modernity. En: Jasanoff, S. y Kim, S-H. (comps.). *Dreamscapes of Modernity: Sociotechnical Imaginaries and the Fabrication of Power* (pp. 1-33). Chicago: University of Chicago Press.

Jiménez, A. (2020). The silicon doctrine. *TripleC: Communication, Capitalism & Critique*, 18(1), 322-336. https://doi.org/10.31269/triplec.v18i1.1147

Juri, Y. (2023). La gobernanza de los datos de la soberanía territorial a la soberanía digital. *Quaestio Iuris*, 16(2), 802-820.

Klein, N. (2020). *On Fire: The Burning Case for a Green New Deal.* Londres: Penguin.

Laval, C. y Dardot, P. (2015). *Común. Ensayo sobre la revolución en el siglo XXI.* Barcelona: Gedisa.

Leclercq-Vandelannoitte, A. y Bertin, E. (2024). How to deal with Big Tech power? The «Big Tech Raj», a new form of biopower in the digital age. *Technological Forecasting and Social Change*, 208. https://doi.org/10.1016/j.techfore.2024.123732

Lemos, G., de Espíndola, M. y Muller, N. (2024). Soberanía digital. *LOGEION*, 11, 1-22. https://doi.org/10.21728/logeion.2024v11e-7364

Levi, S. (2025). *Digitalización democrática: soberanía digital para las personas.* Barcelona: Rayo Verde.

Manganello, F., Nico, A. y Boccuzzi, G. (2025). Theoretical foundations for governing AI-based learning outcome assessment in high-risk educational contexts. *Information*, 16(9), 814. https://doi.org/10.3390/info16090814

Marx, K. (2024). *Trabajo asalariado y capital* (vol. 7). Nueva York: Minerva Heritage Press.

Mason, P. (2016). *Postcapitalism: A Guide to Our Future.* Nueva York: Farrar, Straus and Giroux.

Mirrlees, T. (2021). Getting at Gafam's «power» in society: A structural-relational Framework. *Heliotrope.* https://heliotropejournal.net/helio/gafams-power-in-society

Morozov, E. (2018). Digital socialism? The calculation debate in the age of Big Data. *New Left Review,* 116/117, 33-67.

Nichols, T. P. y Dixon-Román, E. (2024). Platform governance and education policy: Power and politics in emerging edtech ecologies. *Educational Evaluation and Policy Analysis,* 46(2), 309-328. https://doi.org/10.3102/01623737231202469

Ortegón, C., Williamson, B. y Decuypere, M. (2024). Edtech brokers and evidence governance: knowledge intermediaries in the education technology market. *Globalisation, Societies and Education,* 1-12. https://doi.org/10.1080/14767724.202 4.2439419

Ostrom, E. (1990). *Governing the Commons: The Evolution of Institutions for Collective Action.* Cambridge: Cambridge University Press.

Pangrazio, L. y Selwyn, N. (2023). *Critical Data Literacies: Rethinking Data and Everyday Life.* Cambridge: MIT Press.

Parcerisa, L., Jacovkis, J., Lindín, C. y Màrquez, I. (2024). Soberanía digital y educación: Un vínculo ausente en la literatura. *REICE. Revista Iberoamericana sobre Calidad, Eficacia y Cambio en Educación,* 22(2), 151-168. https://doi.org/10.15366/reice2024.22.2.009

Pardo, M. I., Waliño-Guerrero, M. J. y San Martín-Alonso, Á. (2018). La «uberización» de los centros escolares: reorganización del trabajo pedagógico mediante las plataformas digitales de contenidos. *Educatio Siglo XXI,* 36(2), 187-208. https://doi.org/10.6018/j/333031

Pohle, J. y Thiel, T. (2022). Soberanía digital. *Revista Latinoamericana de Economía y Sociedad Digital*, 1, 1-22. https://doi.org/10.53857/olmh2516

Reikosky, N. (2023). Pipeline philanthropy: Understanding philanthropic corporate action in education during the COVID-19 era and beyond. *Educational Policy*, 38(2), 479-509. https://doi.org/10.1177/08959048231163802

Richter, C., Macgilchrist, F., Allert, H., Geuter, J. y Seeman, M. (2025). Digital infrastructures for education: On sociotechnical entrenchment, pedagogy and the public interest. *European Educational Research Journal*. https://doi.org/10.1177/14749041251332664

Robledo, P. (2020, mayo 21). Una práctica ancestral andina supone una oportunidad de revalorar la solidaridad comunitaria en tiempos de crisis. *El País*. https://elpais.com/elpais/2020/05/20/3500_millones/1589985273_518904.html

Rowe, E. E. (2023). Mapping the rise of venture philanthropy in public education in Australia. *Journal of Education Policy*, 38(5), 642-661. https://doi.org/10.1177/20965311221128840

Saura, G. (2017). ¿Crisis? ¿Qué crisis? Filantrocapitalismo, neoliberalización y gobernanza en la política educativa global. *Nuestra Bandera: Revista de Debate Político*, 236, 32-43.

Saura, G. (2020). Filantrocapitalismo digital en educación: COVID-19, UNESCO, Google, Facebook y Microsoft. *Teknokultura. Revista de Cultura Digital y Movimientos Sociales*, 17(2), 159-168.

Saura, G. (2023). Nuevas formas, nuevos actores y nuevas dinámicas de la privatización digital en educación. *Profesorado. Revista de Currículum y Formación del Profesorado*, 27(1), 1-10.

Saura, G. (2025). Capitalisme, Digitalització i Educació. *Temps d'Educació*, 68, 7-12. https://doi.org/10.1344/TempsEducacio2025.68.1

Saura, G., Lima, P. y Arguelho, M. (2024). Imaginarios Sociotécnicos en educación: Inteligencia Artificial y transformación digital. *Journal of Supranational Policies of Education*, 20, 11-30. https://doi.org/10.15366/jospoe2024.20.001

Schowalter, D. M. (2014). *Philanthropy as Gendered Global Governance: Philanthrocapitalism, Branded Citizenship, and the Selling of Corporate Social Responsibility*. Minneapolis: University of Minnesota Digital Conservancy.

Selwyn, N. (2015). Minding our language: why education and technology is full of bullshit... and what might be done about it. *Learning, Media and Technology*, 41(3), 437-443. https://doi.org/10.1080/17439884.2015.1012523

Selwyn, N. (2022). *Education and Technology: Key Issues and Debates*. Londres: Bloomsbury Academic.

Shumer, M. (2026). Something big is happening in AI — and most people will be blindsided. *Fortune*. https://bit.ly/4s6NkaT

UNESCO (2021). *Reimagining Our Futures Together: A New Social Contract for Education*. París: UNESCO.

UNESCO (2024a). Addressing digital colonialism: A path to equitable data governance. *UNESCO*. https://bit.ly/4l87MF3

UNESCO (2024b). Education governance and digitization: Inherent conflicts and potential safeguards for a new social contract. *Prospects*, 54(1), 1-18. https://doi.org/10.1007/s11125-023-09668-3

Watson, C. (2019). From accountability to digital data: The rise and rise of educational governance in the UK. *Review of Education*, 7(2), 1-17. https://doi.org/10.1002/rev3.3125

Watters, A. (2021). *Teaching Machines*. Cambridge: MIT Press.

Williamson, B. (2017). *Big Data in Education: The Digital Future of Learning, Policy and Practice*. Londres: SAGE.

Williamson, B. (2019). Digital policy sociology: Software and science in data-intensive precision education. *Critical Studies in Education*, 1-17. https://doi.org/10.1080/17508487.2019.1691030

Williamson, B. y Hogan, A. (2020). *Commercialisation and privatisation in/of education in the context of Covid-19*. Education International.

https://www.ei-ie.org/en/item/25251:commercialisa-
tion-and-privatisation-inof-education-in-the-context-of-covid-19

Zeide, E. (2019). Student privacy principles for the age of Big Data: Moving beyond FERPA and FIPPs. *Drexel Law Review*, 8(2), 339-394.

Zuboff, S. (2019). *The Age of Surveillance Capitalism: The Fight for a Human Future at the New Frontier of Power.* Nueva York: PublicAffairs.

Zuboff, S. (2023). The age of surveillance capitalism. En: Longhofer, W. y Winchester, D. (eds.). *Social Theory Re-Wired: New Connections to Classical and Contemporary Perspectives* (pp. 203-213). Londres: Routledge.